Sam and Chester

和你在一起

淘气小猪与自闭症男孩

[英] 乔・贝利 著
龚兰蕴 译

天 地 出 版 社 | TIANDI PRESS

图书在版编目（CIP）数据

和你在一起：淘气小猪与自闭症男孩 / （英）乔·贝利著；龚兰蕴译. — 成都：天地出版社, 2020.1
ISBN 978-7-5455-5268-3

Ⅰ. ①和… Ⅱ. ①乔… ②龚… Ⅲ. ①纪实文学—英国—现代 Ⅳ. ①I561.55

中国版本图书馆CIP数据核字（2019）第209809号

著作权登记号 图字：21-2019-540

HE NI ZAI YIQI : TAOQI XIAOZHU YU ZIBIZHENG NANHAI
和你在一起：淘气小猪与自闭症男孩

出品人 杨 政
作　者 ［英］乔·贝利
译　者 龚兰蕴
责任编辑 袁静梅
装帧设计 绘时光文化·小楠
责任印制 王学锋

出版发行 天地出版社
（成都市槐树街2号　邮政编码：610014）
（北京市方庄芳群园3区3号　邮政编码：100078）
网　址 http://www.tiandiph.com
电子邮箱 tianditg@163.com
经　销 新华文轩出版传媒股份有限公司

印　刷 北京市十月印刷有限公司
版　次 2020年1月第1版
印　次 2020年1月第1次印刷
开　本 880mm × 1230mm 1/32
印　张 9.25
字　数 206千字
定　价 38.00元
书　号 ISBN 978-7-5455-5268-3

咨询电话：（028）87734639（总编室）
购书热线：（010）67693207（营销中心）

本版图书凡印刷、装订错误，可及时向我社营销中心调换

一只淘气的小猪如何改变了我的自闭症儿子的生活

目录 Contents

引　子

2009年1月，英格兰德文郡。

我们走进谷仓，里面充满了各种气味：新鲜的稻草香味、猪粪便的味道，还有小猪们自己的气味。小猪们轻柔地打着呼噜，发出持续的“哼哼”声，似乎表明它们正感到满足和快乐。我们好奇地走到猪圈边上往里看。

它是那么小，所以我第一眼都没注意到它。它藏在猪圈的角落里，是这一窝里唯一一只姜黄色小猪崽。它看上去悲伤而孤独，而我患有自闭症的儿子山姆也经常显露那样的表情。看上去，这只小猪既弱小又迷茫。

这只小猪和我当时都没意识到，就在那一刻，我们都找到了对方。

我们的生活被永远改变了。

1
破碎的梦

2005年夏天，贝纳尔马德纳普韦布洛，西班牙。

我坐在阳台上躲避灼热的正午阳光，闭上双眼，享受着地中海微风拂过脸上的凉爽。幸运的是，我并不是在度假，我就生活在西班牙，从我大学毕业开始已经在这儿生活了十四年。我作为一个译者在马拉加工作，同时也在马拉加的机场做业务员。我不能算作那种典型的“旅居国外的英国人”，因为我已经完全融入了西班牙的生活。我的大部分朋友都是西班牙人，我的丈夫詹姆也是——他基本连一个英文单词也不会说。

此时，我的妈妈带着我们两岁半的儿子山姆在逛超市。她也住在西班牙。而我们十一个月大的小儿子威尔，正在小睡。因此，我难得有了几分钟的休息时间。我也快像威尔那样睡过去了——在这样炎热的天气里保持清醒实在是太难了。

有时坐在阳台上，我可以闻到附近的橘子树林散发出的浓郁香味，空气里的香甜让我更加昏昏欲睡。我往软软的靠垫里挪了挪，靠垫下的藤椅发出一声“吱嘎”的响声。我把拖鞋踢开，把脚轻松地搭在咖啡桌上。作为两个孩子的母亲，我基本没什么时间休息，能有一点属于自己的时间，感觉真是太好了。炎热的天气和疲惫感很快征服了我，我的眼皮越来越重，我困倦地合上眼。毕竟大多数人在这个时间还在午休。尽管如此，我还是稍微留着一点神志，没有完全让自己睡着。这样如果威尔醒来，我还可以听见他的哭声。

我们住的地方只需二十分钟就能到达西班牙的派对城市马拉加。但是从我们阳台所看到的景色却和那里大相径庭。没有酒吧、俱乐部，也没有从海上升起的摩天大厦——贝纳尔马德纳普韦布洛是一个寂静的海边村庄，房屋像明信片里那样被粉刷成白色，且被葡萄藤和鲜花缠绕。村子中心被称为西班牙广场，广场中心有一个喷泉，橘子树下摆放着一些咖啡桌。村子安宁，非常适合养育后代，我们希望在这里把两个儿子抚养大。

我们的房子位于一条安静的街道，大致走十五分钟就可以到海滩。詹姆和我精心设计、一点点地建成了这个梦想之家。房子一共有四层，每层的空间很大。花园里有棕榈树、游泳池，还有被茉莉花和三角梅淹没的石制凉亭。从我们卧室的阳台可以看到大海和路边的游泳池。夜晚，众多的家庭式餐厅沿着海岸连成一排，像北极光一样闪耀。

当我坐在阳台昏昏欲睡的时候，午后的宁静突然被打破了。车开进车道发出尖利的噪音，我一下子被震醒了。

“乔，乔！”我听见妈妈大声叫喊。

我立即从藤椅上起来，走到门口。妈妈和山姆匆忙地进了门。妈妈显得很沮丧，把山姆抱在怀中。我的小男孩用手抓着他的眼睛，眼泪不停地往下流。

“山姆发生了意外！”母亲慌张地说。

“什么？”我惊慌失措地追着他们进入客厅。

“他的头撞在了超市的一根混凝土柱子上。”

我从母亲的手中接过山姆，搂在我的胸前。他的眼睛肿胀着，已经开始发青了。

“你这个小傻瓜，你看你做了什么？”我把他那被眼泪浸湿的金发从眼前拨开。山姆没有回答，只是把脸埋在我温暖的身体里。我抬眼瞥了一下母亲，希望她能给我答案。然而她惊魂未定。

“他撞上了东西，乔。”母亲说。她的声音因为震惊而有些颤抖。

她描述了山姆是如何把头撞向立柱的：他的眼睛几乎要贴在柜台上；还在超市的过道里跑来跑去。山姆最近开始对水平线表现出痴迷——这是最奇怪的——他把头靠近冰箱，眯着一只眼睛，让另一只眼睛的视线与冰箱的水平边保持在同一直线上。

“他全神贯注地飞跑，撞上了一根立柱，最后摔倒在地上。他甚至都没有看到柱子。”她说，“超市的工作人员都过来帮忙，但是当他们用装着冰块的法兰绒布敷在他肿起来的头上时，山姆却冲着他们发脾气。”

“他不情愿地大声尖叫，几乎是歇斯底里。我没有办法让他平静下来。”母亲回忆到这儿，声音哽咽了，她的孙子那么沮丧，让她很难受。

我低头看着山姆，很难想象他就是我母亲描述的那个男孩。他靠在我的怀里，看起来那么平静和满足。母亲递给我一袋冷冻豌豆，我小心翼翼地把一角放在山姆头部的肿块上，他一点都没动。我抚摸着他柔软的金发，山姆把小手伸到我的耳朵边抚摸我的耳垂。

我永远不会忘记那天我母亲脸上的表情。她一脸焦虑地看着山姆。当她看着她的孙子一次又一次地抚摸我的耳垂的时候，她慢慢地摇了摇头，脸转向我。

“山姆有些不对劲。”

“我知道。”我厉声打断她。我没来得及阻止这句话就脱口而出了。说出了这句话后我和母亲一样惊讶，因为直到那一刻我才意识到山姆出了问题。我最近注意到他的行为举止有了一些小变化，但是我都把它们归咎于山姆正处于成长期。

我颤抖着，深吸一口气，然后恢复了平静。“对不起，妈妈，我不是故意大吼大叫，我只是不知道这是怎么回事。”我勉强地解释道。

我仔细回想着他最近的行为。就在几个月前，山姆开始常常趴在地上，玩他的玩具汽车，看着玩具车在眼前开来开去，有时会连续几个小时重复这样的动作。他还总一遍又一遍地看《火车头托马斯》里的某一集。他喜欢做重复性的行为，这有点奇怪，但是我不认为他这样有什么“问题”。

另外我也注意到，山姆在兴奋的时候喜欢摆动他的手，好像它们是鸟的翅膀一样——例如丁丁在《天线宝宝》里面登场或者火车头托马斯做了什么蠢事——又或者他对某件事感到焦虑的时候。这正常吗？我想一定是的，因为他看上去是个快乐的孩子，他会在看到他最喜欢的电视节目时蹦蹦跳跳。如果威尔比山姆只大一点的话，我也许会注意到他们在成长中的不同之处，但是我第一次做母亲时还很年轻，一直在不断地学习。

然而我的母亲，她有着将两个女儿抚养长大的经验，更能察觉到其中的问题。母亲感觉到我的紧张，目光变得柔和，和我一起坐到了沙发上。她是个美丽的、穿着讲究且优雅的女人，双颊颧骨饱满，肤质年轻。我的父亲在我小时候离开了她，但是她并没有让这件事影响她。在我妹妹莎拉和我搬到马拉加后不久，母亲也从伦敦搬到了这儿。她是她所在的“移民团体”的核心人物，英国退伍军人俱乐部的常客，并且经常和朋友们出去做活动。

“乔，亲爱的，”她轻声地说，“山姆对水平线这样迷恋，并不正常。我想你应该带他去见见谁，就算只图个心里安稳。”她冲我笑了笑，安慰我。

我很感激母亲对我的支持。但在某种程度上，这又让我感到难过。我的家人对我十分照顾，他们都是善良友好的人。但他们的关怀总会让我想起一个人，那个我很想和他谈论山姆、但是又疏于联系的人。

詹姆：我的丈夫，山姆的父亲。

我和詹姆的婚姻破裂了，这让我非常伤心。虽然，早在之前我们已经开始疏远了，而在他十一月搬到塞维利亚工作后，我们的婚姻就更加难以维持。詹姆整个星期都不在，他不得不这样，而地理上的距离给我们已经摇摇欲坠的婚姻又增添了新的负担。

近几个月以来，除了周末偶尔见面，我们的沟通已经恶化到只剩下几通电话。然而我们越疏远，我就越想要得到关爱。我在家里做着我们全家在一起的美梦，却不能和我的丈夫分享。现在我们的儿子山姆需要帮助，但是我们已经不能再并肩作战了。

我告诉母亲我会考虑她说的话，然后她就回她托雷莫利诺斯的别墅去了。我独自一人，只有孩子们和地中海的海水声和我做伴。

那天晚上，我把山姆裹进被子里，他的床挨着威尔的小床。他们的房间是那么欢乐，有明黄色的墙壁，还有堆满一整个书架的可爱玩具和儿童书。但是这些并不能改变我的心情，因为我母亲的话一直不停地在我脑中萦绕。

“好好睡觉，我的男孩儿们。”我亲吻着他俩说了晚安，然后悄悄离开房间。我之后还会去检查一下山姆，确保他不会因为头上的肿块睡不着。但现在，我回到了阳台，徐徐的微风吹过，我陷入了自己的思绪里。

夜幕笼罩着贝纳尔马德纳普韦布洛，伴着催眠的蝉叫声。我在脑海中回放着这一天发生的事。我努力地思考着，我该找谁咨询山姆的问题？在这之前，我们只因为咳嗽或者感冒找过医生。这是自从我搬到西班牙以来，少有地觉得自己像个外国人的时刻。

我决定先从山姆的幼儿园开始。山姆一个星期有五天会去那儿，从家到幼儿园只有五分钟的车程。我想，在明天早上我把孩子们送过去的时候，就去问他们。

但是，第二天我去找幼儿园的园长的时候，她只对我说了些安慰我的话。“我们没有发现山姆有任何奇怪的地方，”她高兴地说，“他表现得很好，是一个金发碧眼的漂亮男孩！”

我感到一阵放松。也许我不需要担心什么。尽管如此，我还是从园长那儿要到了一个儿童心理学家的名字。我母亲是对的：我应该去看看，哪怕图个心安。

但是就在我要离开的时候，园长补充道："除了有一件事——我们注意到山姆不和其他孩子说话。"

"噢。"我吃了一惊。这是另一个警钟。

我马上就去预约了儿童心理学家，但是他要一周后才能见我们。在那段时间里，我的焦虑和不安感直线上升。等待会面的这些天，我花了很多时间仔细观察山姆的行为。他最新的"情况"是拿着粉红耐高温手套坐在洗衣机前面，洗衣机开始转的时候，山姆就挥舞手套，洗衣机停下来的时候他就神情茫然地盯着滚筒。如果我不把他拉走的话，他会一直盘腿坐在厨房地板上，直到洗衣机不再转动。我非常地担心，想要帮助他，但是我不知道该怎么做。山姆有些不对劲，我知道——但是我并不知道具体哪里出了问题。我需要有人帮我指出来，这样我可以着手去处理它。日复一日，每天睡觉前我都辗转着希望接下来的医生会面可以指给我们一条前进的路。

这天终于到来了，我和山姆走进了托雷莫利诺斯的儿童心理学家的候诊室。我们等待着心理学家出现，手上拿着的笔记本被我攥出了褶皱。屋子里堆满了玩具、书籍，还有一个带滑梯的攀爬架——所有能用来让孩子消遣的东西这里都有。我扇着风，抵御西班牙的闷热。山姆则在角落里安静地玩着一辆玩具消防车。他眉头上的肿块已经消下去了，但是还可以看到严重的瘀青。它是那样的醒目，以至于我不能忽略掉他的异常行为，以及这样的行为给他带来的伤害。

门突然打开了，一个既矮又略有点圆的男人出现了，他先向我伸出了手。他带我来到另一个堆满东西的屋子，而这些东西全部都是医学书。屋顶上的风扇“呼呼”吹着风，要不是被一摞书压着的话，桌上的文件看上去就要被吹飞起来了。

“我要把山姆领过来吗？”我转头回望在候诊室的儿子。

“不，让他玩儿。”医生放松地坐在桌子后面的椅子上，示意我也坐下。他有一双温暖的褐色眼睛，笑容满面地对着我。他看上去很亲切，我希望他能帮上忙。

然而，随着会面的进行，我感觉这更像是某种心理治疗，而不是为我的儿子寻求帮助。我聊着我在山姆身上注意到的变化，医生听我说着，每当我停下来喘口气时他都点点头。我凝视着隔壁房间的儿子，描述他的行为，但是却感到越来越沮丧，因为医生完全不看他。接下来，时间到了，医生没有解释山姆的行为，甚至没有对他进行检查。他只是建议我买一些图片，和山姆一起看这些图片，鼓励他预测图片上的场景之后会发生什么，同时说出图片上的人可能有什么样的感受。之后我意识到，当时医生脑子里应该已经有了诊断，才让我和山姆一起做这些事。如果医生的怀疑是正确的，那么山姆他自己会很难完成这些任务。但是那时我并不懂这些。我从医生办公室里走出来，却依然不知道山姆到底是怎么回事。

“妈妈，一点也没用，看医生似乎并没有什么帮助。”我把发生的事给母亲叙述了一遍。她告诉我要继续尝试并且保持冷静，但是这并不容易做到。十四年来，我一直都很喜欢住在国外，但是现在，为了给山姆做出诊断，我才发现我处在一个多么困难的境地。我并不了解我住的这个国家复杂的医疗系统。不知道该去哪儿、找谁求助，这让我十分恐惧。

在接下来的几个星期里，我一边试图搞清楚西班牙的医疗系统，一边和山姆做他的“家庭作业”。这时他的情况迅速恶化了。很快我就发现，描述图片的任务是不可能完成的了。几乎在一夜之间，山姆把自己和外界隔断了。

第一个大的变化是他的眼睛。山姆不再看我、他爸爸，或是他的弟弟了。

“山姆，宝贝，我在这儿！”我在他面前挥舞着双手。

什么反应也没有。他瞪着我的样子就像我不在那儿似的。

“山姆！”我试了一遍又一遍。什么反应也没有。他着迷似的盯着自己的手指，而不是我们。

“山姆，停下来。”我把他的手拉下来，他吓到我了。但是一分钟后，他又开始晃动了。他的眼睛变得冰冷空洞，就好像没人在家一样。

此前，山姆已经能够自己吃饭，也能指出他想要吃的东西。但是现在，随着他加速“关闭”自己，他连这些也做不了了。如果他想要一些食物，他会牵着我的手带我到冰箱那儿，以这样的方式告诉我他饿了，但是他好像失去了选择和交流的动力。

山姆对他的弟弟失去了兴趣。他完全不想和他玩，也不想看他。对于山姆来说，威尔几乎就像一个隐形人一样。

这让我心痛。就在几个星期之前，男孩儿们还一起在沙坑里胡闹玩耍——山姆把沙子撒在威尔的头发上，而我很生气，因为威尔的头发太细，我根本没法把沙子弄出来。我现在多么渴望能再次拥有这些时光啊。我床边的相框里放着一张山姆抱着威尔亲吻的照片，但是这些天来我已经认不出照片里的这个男孩了。

也许最令人伤心的是，山姆不再说话了。他之前能用西班牙语和英语说出大约四十个单词。他能一边唱着儿歌一边跟着节奏拍手。现在，他几乎一个词也说不出来了。

“山姆，你想要来杯酸奶吗？”

他呆呆地凝视前方，把勺子放在嘴里旋转。

“酸奶。”他仔细地重复着句子里的最后一个词。我能从他那儿得到的最多就这样了——我说的最后一个单词就是他说的唯一一个单词。他甚至都不会叫“妈咪”了，这真让人心碎。我抱着他，我对着他唱歌，但是无论我做什么都不能让他恢复。

他唯一没有丢失的是睡眠能力——尽管这可能是因为他大部分时候对周围都没有反应。山姆睡着的时候，我却清醒地躺在离他两个房间之外的地方，忧心山姆的状态，忐忑不安地等待第二天清晨。他还会退化到什么地步？他会很快丧失行走和说话的能力吗？他最终会坐在轮椅上，或甚至需要用机器来维持生命吗？我以为类似脑瘫或者帕金森一类的疾病正在侵蚀他，摧毁他的身体和心灵。

我似乎无法向我的丈夫解释事情有多严重。当詹姆回家的时候，他对待山姆的样子就像什么都没发生似的。

詹姆叫山姆把东西吃完，他之前也经常这样要求山姆。在几个星期之前山姆都很容易做到，但是现在山姆只是低着头面无表情地盯着桌子，就像他的父亲什么都没说一样。

“他不吃东西了，他什么都不会做了。”我再也忍不住了。为了不让山姆看到我难过的样子，我冲出了屋子，立刻大哭起来。

我几乎无法用语言描述我有多么绝望。对山姆命运的焦虑吞噬着我，让我在晚上无法入眠。我绞尽脑汁地想，希望有一个方法能让他重新回到我身边。我每时每刻都在担心，不知道这种持续的恶性循环什么时候才能终止。尽管我白天能对山姆保持积极的态度，但是到了凌晨时分我又无法自拔地想象着，我可怜的儿子最终会待在一个精神病院里，眼神呆滞地望着前方。

而更可怕的是，这些并不仅仅是我因为害怕而凭空想象的。见了医生仅仅三周之后，我的儿子已经退化到面目全非了。

而我也濒临崩溃。

事情发生在晴朗的一天。我曾经喜爱的西班牙天气，现在也似乎变得黏腻和让人烦闷，所以我没有出门。相反，我花了一个早上在互联网上查询，研究山姆到底出了什么问题。我停止在键盘上的敲敲打打，转过头看了看我躺在沙发上的儿子。他在沙发上躺着，完全地回避和外界的接触。他已经在同一个位置待了几个小时了，抚摸着自己的耳垂，眼睛盯着地毯上的某一个地方。

我停下了自己在做的事。虽然以前的所有努力都白费了，我仍然来到他身边，看我能不能把他从恍惚中解救出来。我想把那个攫住我儿子的东西甩掉，不管那东西是什么。但是，在他面前，我不得不把我的意图藏起来。我把他抱在怀中，轻轻地拍着他。

“你很美！”我对他唱着，这是詹姆斯·布朗特的歌。山姆很美，我非常爱他，我闭上眼睛回想着他曾经的样子。当我拍着他唱歌给他听时，我的思绪飘回到了以前，我最快乐的时光……

我们那时刚搬进这所房子。我正怀着威尔，而山姆才十八个月大。他坐在厨房桌子旁边的一堆垫子上，这样他可以看到他前面的一打图片。詹姆把最上面的一张卡片翻过来，放在山姆的面前。我们的儿子停顿了一会儿，他在理解这上面的图画，然后他朝着我露出了得意的笑容，用英语说出："猫。"接着又转过头对着詹姆用西班牙语宣布："猫！"我们于是鼓掌欢呼，山姆也高兴地拍拍他的小胖手模仿我们。然后是下一张卡片。山姆可以用英语和西班牙语说出至少二十张卡片的内容。我知道每个妈妈都会觉得自己的孩子是一个天才，但是那时我们真的确信他就是。

而他现在呢，我想着，凝视着他那张小小的哀伤的脸庞，他的身体软弱无力地陷进我的臂弯中，无论我做什么他都毫无反应。我的思绪被东西摔在地上的声音打断了。我轻轻地把山姆放在沙发里，然后跑进厨房，发现威尔把橱柜里所有东西都拿了出来，装洗碗布的盒子翻倒在瓷砖地上，地上到处都是洗碗布。

"威尔。"我只能叹口气，跪下来收拾这个烂摊子。威尔已经基本会爬了，他很擅长用一只膝盖在地上蹭着走，把另一条腿当作方向舵。

当我把所有东西放回原处，转过身来，发现威尔又把所有婴儿纸巾从盒子里抽了出来，全部撒在地板上。看得出来他的双手和双脚都很灵活。我再次收拾干净，回到山姆身边，但是似乎只是两秒钟之后，威尔又把厨房灶台下面放锅的柜子里的东西都弄了出来。讽刺的是，我有一个儿子很有存在感并且想要引起我的注意，而另一个儿子就在我面前的沙发里隐去了身影。反差实在太大了，我有一股想哭的冲动。我精神上、身体上和情绪上都已经很疲惫。我只想逃跑并躲起来。

确定孩子们是安全的之后（威尔正在玩他的玩具），我在书房里休息。这间书房是房屋底部一个舒适的小房间，远离炎热。这里是让我感觉最像家的地方，它就像英格兰的一角，在我疲惫不堪的时候可以得到歇息。房间里有一块厚厚的蓝色地毯，书架从地板一直延伸至天花板——里面放着我最喜欢的读物，全家人的照片贴满了墙壁。这里甚至装着我祖母留下的旧壁炉，是以前我们从英国海运过来的。房间的味道让我感到舒服——古老的发霉的味道，就像图书馆一样。我在那儿感到很安全，赤脚踩在柔软的地毯上让我感到前所未有的舒适。房间里有一张桌子和一把转椅，而我现在就倒在椅子里。

我拿起电话给妈妈拨了过去，尽量让自己不哭出来。在你无路可走的时候，你还能向谁求助呢？“我真不知道怎么办，我真不知道怎么办……”我一遍又一遍地重复。山姆身上发生的事对我来说就像一场无法醒来的噩梦。但这一切都太过真实，我觉得自己已经承受不了了。“哦，亲爱的，我真希望能知道该对你说什么……”妈妈重复着，她也感到无助。

我还想说更多，但是那些话卡在了喉咙里。

“我很抱歉。”妈妈继续说道。我听到她的声音也哽咽了。她非常不安和担忧，因为她是“那样地”爱我的两个儿子。我正在失去我的儿子，而我的妈妈正在失去她的孙子。我们都不愿意这件事继续发展下去。

“听我说，乔，”妈妈接着说道，“不管花多少钱，我们都会治好他的，我们的问题会解决的。”她向我承诺：“我们会解决，不会什么都不做，我们会让他再回来的。”这正是我需要听到的。无论如何，我们都会把问题搞清楚的。

我只是希望还来得及。

2
A开头的词

第二天我们就行动了起来，我们肩负起拯救山姆的任务。我的妈妈是主心骨，我的妹妹莎拉也来帮忙，她开始带着我的儿子和她的儿子——汤姆和丹，一起去幼儿园。这样我就能专心地找能真正帮助山姆的儿科医生。整个家庭都凝聚在了一起。

我向我的朋友英玛求助，她是一名律师，自己也有一个小女儿。她向我推荐了她自己的儿科医生。同一周，我设法和这位医生约在了城里见面。詹姆像往常一样远在塞维利亚，他预计要在见医生那天晚些时候才能回来，所以我妈妈将作为我的后盾，和我们一起去见医生。

从我上次出家门到现在已经几个星期了。自从山姆的病突然恶化，我就再没出来过，只专注于照顾山姆和满足他的需求。我平常不会期待去马拉加，但是我发现我现在很想去人声鼎沸的场所，想和他人接触，即使是陌生人。

妈妈驾着她的蓝色小福特嘉年华车把我们带到医生的办公

室。山姆在后座上睡着了（我的妹妹莎拉正在照顾威尔）。我把疲惫的头靠在窗户上，看着窗外的景色由小乡村的冷清街道变成了高耸的摩天大楼、酒店和度假公寓。混凝土建筑取代了路边被太阳炙烤的草地，海边的餐馆和酒吧被闪烁的霓虹灯装饰着，试图引诱过路的人。我们在市中心遇到了一大群游客，在炎热的午后懒洋洋地走动，沉浸在度假气氛里的他们似乎忘了基本的道路安全。由于他们毫不在意地在道路上踱步，妈妈按了喇叭。诊所位于马拉加东边的一栋高楼里。我们停好车后，乘通往诊所的电梯直到顶层。山姆在我的怀中，头垂在我的肩膀上。自从他开始和外界隔绝后，他对周围一切都失去了兴趣，甚至电梯门“砰”一声打开他也没有抬头看一眼。

休息室里全都是孩子，他们都坐在父母的腿上。我很难受地等待着，确信这位专家将要告诉我我的儿子患有某种退行性的疾病。要不然还能是什么呢？当我们被叫进办公室的时候，我做了最坏的打算。

这个儿科医生有五十多岁。不知为何，我之前想象他应该是穿着白大褂。但是，他却穿着奶油色的斜纹棉布衣裤，衬衫松开了最上面一颗纽扣，看上去很体面。他非常友好，立刻得到了我的信任。与之前令人沮丧的经历相比，这里让我感觉更专业。

山姆安静地坐在我母亲的膝盖上，医生仔细地听着我说。

“嗯。”他挑了挑眉毛。我看着妈妈——那是什么意思？他在一张纸上潦草地写了些什么，然后把它从桌子一边滑过来：

阿斯伯格综合征。

这些全部是用大写字母写的，好像这个消息本身还不足够让人震惊似的。

“阿斯伯格？”我不确定地问道。我听说过它，但是没法具体说出它是什么。

他递给我另一张纸，上面写着丰希罗拉的一位临床心理学家的地址，离这里大概二十英里远。最后，他说：“我想应该是这样的。”他在第二张纸上敲了敲，“你应该去见这个人做正式诊断。”

仅此而已。

尽管这次会见时间很短，我在回家的路上却奇怪地放松了下来。在那时候，我认为阿斯伯格的意思是有一点社交障碍，但是很有天赋。我的猜想也许来自对《深夜小狗离奇事件》这本书的很多报道，这本书由一个患有阿斯伯格的小男孩自述而成。都会没事的，我告诉自己，让自己放心。

我们回来的时候，詹姆已经到家了，他在厨房里。我马上把消息告诉了他。

他对医生诊断的理解和我类似，只不过他的看法似乎更积极。这是典型的詹姆式反应——顺其自然，安之若素。而我却有一打的问题想问，而且我想要答案。

我开始通过电脑来做研究。我需要更多地了解阿斯伯格综合征。

什么是阿斯伯格？我打着字，我的手指在键盘上飞舞。

答案马上就有了：这是一种神经生物学疾病。

有什么症状？

患者表现出不寻常的非语言交流，例如缺乏眼神接触，极少有面部表情，或出现别扭的身体姿势或手势。

是的，我想，这很符合山姆的行为。

他们可能会强烈地偏好重复性惯例或仪式，并会对任何细微的变化感到不安。

是的，这也符合山姆。

他们可能会进行重复性的动作，如挥动手或手指，也可能会在受到过度刺激时“做白日梦”或“断片”。

是的，那确实也很像山姆。

我看到的许多症状都可以和山姆的行为联系上——但是令人担忧的是，还有好多没有联系上。例如，山姆的语言：如果他有阿斯伯格的话，他应该已经发展出一种超过他的年龄的语言表达方式。但是山姆却是相反的。我还了解到，在许多案例中，直到孩子七岁，阿斯伯格才能被识别出来。

我把男孩们放在床上，继续查资料，直到我累得连屏幕上的字都看不清了。我醒来的时候发现自己脑袋朝下，弯着脖子。同时我意识到事情已经发生改变了，在见医生之前流的那些眼泪早已经干了，现在我有了不一样的目标：我现在要把所有精力都放在彻底了解山姆到底是出了什么问题以及要让他变好这件事上。我得尽快见到丰希罗拉的那位医生。

几天之后，当我和山姆进入候诊室时，我立刻就喜欢上了这位医生。玛丽安吉利斯·马里斯博士看上去是个典型的西班牙人——她黑色亮泽的长发整齐地绑成一个发髻，精心修剪的眉毛下是一双美丽的黑色眼睛。我觉得她善良友好，她显然是想让山姆感觉自己是屋里最特别的孩子，尽管山姆对她的努力没有什么反应。

玛丽安吉利斯说，在这第一次会面中，她会花些时间和山姆单独在一起，看他玩耍，最后会叫我进去告诉我她的初步诊断。一个小时之后，我焦急地回到游戏室，发现山姆在角落里，在亮绿色的地毯上来回玩着一辆黄色的玩具车。

“山姆，亲爱的，我回来了。”我蹲在他的旁边。他什么反应也没有，他没有回答，甚至睫毛都没有动一下。

玛丽安吉利斯同情地朝我微笑，她显然在这儿见过很多因为孩子不承认他们的存在而伤心的父母。除谈论到山姆的沉默以外，她还向我指出了他抓住黄色汽车这件事的重要性。

“我让山姆从玩具箱里挑一辆车，”她回忆着他们一直在玩的游戏，“山姆挑了黄色的那辆。我把车从他那儿拿走，放回盒子里和别的车混在一起，然后让他再挑选另一辆车。他还是选了那辆黄色的。他这样重复了很多次。”我茫然地看着她。

“这是自闭症的征兆。”她说道。

自闭症——我听说过。感谢我的网上研究，我知道了阿斯伯格是自闭症的一种，是专家们称之为自闭症谱系里的一员。典型自闭症患者和阿斯伯格综合征患者有类似的特征，但也有差异。

玛丽安吉利斯的解释并不能让我安心。因为我也读到过，典型自闭症可能比阿斯伯格更有挑战性。

“什么是自闭症？”我紧张地问，希望听听医生怎么说。毕竟，我的认知仅仅来自互联网上的搜索。

玛丽安吉利斯解释说，自闭症是一种影响一个人与其他人沟通和联系的发展性症状，影响着这个人如何理解周围的世界。

“自闭症患者认为世界是一堆他们难以理解的人、地点和事件构成的，这使他们相当焦虑。”她解释道。我一定看上去很担忧，因为她接着向我保证：“有些自闭症的人也可以过上相对独立的生活。”

“但是其他人呢？”我问道，每一个问题都让我的焦虑增加。

“其他人可能会伴有学习障碍，一辈子需要专业的帮助。”我的心沉了下去，玛丽安吉利斯接着描述了更多的症状，“自闭症患者也可能对声音、触觉、味道、气味、光线和颜色过度敏感或不敏感。”

我脑海里忙着搜寻自己过去六个月的记忆，试着回忆山姆是否显现出这些自闭症的迹象。

了解到之前儿科医生在纸上写下的诊断，玛丽安吉利斯接着解释说，阿斯伯格综合征被认为是一种轻度的自闭症。

“患有阿斯伯格综合征的人较少出现说话的问题，而且通常不伴有与自闭症相关的学习障碍。”她解释道。

当她说这些话的时候，我非常恐惧地意识到山姆已经倒退到完全失语的状态了。他确实有说话方面的问题——这是否意味着他有自闭症，而不是阿斯伯格综合征？我眼里的焦虑一定很明显，因为玛丽安吉利斯接着高兴地说：“他还年幼，有很多可能性。”她对着山姆亲切地微笑，但是山姆对她毫不在意。

当咨询结束时，玛丽安吉利斯告诉我，我们需要等待一年才能知道山姆是否真的患上了自闭症，或阿斯伯格综合征，或是否是其他的问题导致他的退行性变化。她希望能在正式做出诊断前继续观察他。

我没有一年的时间！我想叫喊。如果十二个月后玛丽安吉利斯说“他不是自闭症”会怎么样？如果我的儿子患有健康问题而导致生命危险，像我一开始担心的，比如脑瘤呢？我离开了她的诊室，感到焦虑和害怕。我一回到家，就拿起了电话打给妈妈。

“妈妈，我不能就这么坐着等——这一年我可能因为山姆患有别的问题而失去治疗他的机会！”

妈妈让我保持冷静。她告诉我，我们将一起努力渡过这个难关，不论付出什么代价她都要帮助她的孙子。我真不知道如果没有妈妈我该怎么办。

接下来的一年里，玛丽安吉利斯每周会见一次山姆。从那时起，我开始了两个旅程：和玛丽安吉利斯的诊断之旅，以及我自己为山姆寻找治疗方法的探寻之旅——或许是治疗他可能出现的其他疾病的方法，或只是让他的状况变好一点的方法。我在找到答案之前不会停下来。每天晚上孩子们睡着后我就在网上查询几个小时，并订购书籍进一步阅读。为了帮助山姆，我下决心要尽可能知晓更多情况。

我必须做的第一件事就是排除山姆有脑肿瘤的可能性。这需要用到核磁共振扫描。詹姆和我们去了洛斯阿拉莫斯的医院，在托雷莫利诺斯附近。核磁机器被藏在地下室。当我们三个人走进昏暗的地下室时，就像走进了一个洞穴，而在屋子中央有一个巨大的机器发出了震耳欲聋的噪声。

为了进行扫描，医生们需要把山姆塞进这台像棺材似的机器里待五分钟，机器还会发出“轰隆隆”的声响——显然山姆并不愿意。山姆本来平静地躺在我的手臂里，而这时，他开始猛烈地挣扎起来，用他的拳头捶打我的胸。

“詹姆，帮忙！”我喊道。我抱不住他了。当电磁场发动的时候，核磁机器隆隆作响。山姆哭着拍打所有他能碰到的东西。每次詹姆把他带到核磁机器旁边，他就变得更加沮丧。

最终，医生介入了。

“这样是不行的。把他带到外面，我们把机器关掉，然后再试。”他说。

我们几次回到房间，试图让山姆躺在床上，但是每次他靠近机器，就会重新陷入狂躁中。看着他受折磨，我感到撕裂般的痛，这对他来说一定像受酷刑一样。

“我们不得不给他全身麻醉。”医生说道，要求我们在他用药时协助压住山姆。

但是二十分钟后，我的儿子仍然清醒着。我的思想分裂成了两半：一半想要马上结束这一切，因为我可怜的孩子是那么难过；但是另一半告诉我不能放弃，我需要知道他为什么会变成这样。

“我有一个主意：我们到车上去。”我对詹姆说。外面有一条马路，旁边是一排棕榈树，一直通向海滨——一条延伸两英里长的海滩。我想，如果我们驶在海边，一遍又一遍地上下颠簸，山姆就能睡着。

我坐在后座，儿子的头靠在我腿上。可是可怜的山姆，他的身体忍受不了麻醉剂，吐在了我身上。

车里的氛围变得紧张起来。山姆身体不适，我们变得越来越焦虑不安。让我的孩子经历这一切，我感到非常内疚。“我爱你。”我低声说，同时抚摸着山姆的脸颊，试图使他平静下来。

终于，他睡着了。我把他虚弱的身体抱回了治疗室，把他放在扫描仪床上。感谢上帝，麻醉剂起作用了，即使在核磁机器的噪音下他也没有醒来。

他们马上告诉了我们结果。这是少数我觉得能和詹姆重新联系在一起的时刻，我们都做着最坏的打算。我需要答案，除非我知道答案，要不我没法帮助山姆。但是等待着被告知我儿子是否有肿瘤是件可怕的事。我把已经升到了嗓子眼的恐惧咽了下去。

医生把我儿子的大脑照片夹在灯箱上，宣布道："一切正常。"

我松了口气，闭上了眼睛。

不过，平静并没有持续多久。我们一离开医院，我就想着下一步该做什么。山姆聋了吗？这是我知道他没有得脑瘤后蹦出的第一个念头。也许山姆不回答我是因为他听不到我说了什么。

我带着山姆去看了耳鼻喉科，找了一位耳科专家。我的宝贝山姆又被麻醉了，躺在一个封闭的、像棺材一样的黑色箱子里。他的头上和耳朵到处放着电极，看上去非常可怕，但是我们需要知道结果。

"正常。"之后医生说。又松了一口气。

我感觉自己的情绪就像坐过山车，五味杂陈。我很高兴这些检查的结果都是正常的，但是我又很焦虑，因为每个明确的结果都会让我失去知道山姆的问题到底是出在哪里的机会。他没有得脑瘤，他没有聋。那他到底是怎么了？我们还有半年的时间等待玛丽安吉利斯的最终诊断。

接下来，我开始对山姆进行血液测试，排除谷物过敏的可能。同时还在山姆喝的牛奶里添加欧米伽3鱼油以帮助他的大脑发育。

但是，这些都没有作用。

我记得山姆从来没有爬行过，直接就开始了走路。也许这意味着他的一部分大脑发育不良。我开始和他做一些“健脑”运动，鼓励他和我一起手脚并用玩室内足球，希望能强化他的大脑使他的退化停止。

我读到一本书，说某些食物和香味可能会使大脑分泌类似吗啡的物质。如果山姆对这些东西过敏呢？这能解释他为什么一直神游天外吗？

我在橱柜里所有含有酪蛋白、谷氨酸单钠或阿斯巴甜的食物包装袋上画了黑色的叉。我们的厨房看起来就像是一个生化危险区——每天晚上打开橱柜就会看到一片黑色的叉叉。这样山姆能吃的东西就很有限了，但是我还是设法给整个家庭配制出了两周的食谱。我认为，只有全家都跟着山姆一起实行这样的新制度，对山姆才是公平的，比如威尔能吃饼干但是山姆不能，这样对他是不公平的。所以我们都吃同样的食物：健康的无加工食物，如金枪鱼、无麸质面、水果，还有蔬菜。

我注意到山姆的行为有了一些变化——几周之后，他似乎稍微“敏锐”了一点——但是我不确定这是不是只是我的想象，因为我知道自己太想看到他有积极的变化了。

每天晚上，山姆睡觉之后，我都会读每一篇关于自闭症的文献，为玛丽安吉利斯给他阳性的确诊提供依据。

我像是个着了魔的女人。我的决心推动着我前进，但这并不是我这样做的唯一理由。我害怕停下来，因为一旦停下来，在煎熬中停滞不前，我将再也不能振作起来。

我需要继续前进。我需要治好山姆。

而伤心的是，我的婚姻已经无法修复了。随着这一年过去，我和詹姆通话的次数越来越少，也许一周才有一次。我只在遇到问题的时候，才会打给詹姆。

尽管感到极度难过，我仍然希望挽回我的婚姻。我们有一个很需要照顾的儿子，即使他每周外出工作意味着我基本已经是在独自应对了，我还是很害怕没有丈夫自己没法应付所有的事。我从来没有放弃过我的生活，现在也不会。我在为山姆战斗，也在为我的婚姻战斗。

但是到了2006年的9月，我们已经很清楚没有多少可以去争取的了。

如果事情不是这样，我会更多地跟詹姆沟通，试图弄清楚我们之间的裂痕在哪儿，怎么修复它们。但是我因为山姆的事情被折磨得太疲惫了，因此没有再试着沟通。

2006年的10月，事情终于到了最后关头。男孩们在床上，我和詹姆在客厅，坐在80年代我在“爱必居”家居买的低矮的绿色沙发上。我非常喜爱它，当时还不怕麻烦特意把它运到了西班牙。但现在即使它带来的熟悉感也不能给我任何安慰。

我们一起谈论了各种事情，但是到了这个时候，不管你多努力地争取，多努力地自欺欺人，你都很清楚地意识到一个事实。我们坐在那儿，一起坐在沙发上，但是却好像相隔了一百万英里。我知道我们的婚姻已经结束了，詹姆也知道。

他站起来，双手穿过他乌黑的头发。

他说，他会离开，给我们一个干净的了断。

在他离开七周后，在2006年12月，我一年来为山姆寻找答案的探索也结束了。就在山姆四岁生日之前，玛丽安吉利斯把我们叫回了她的办公室，在那里，山姆坐在我腿上，母亲在我身边，她告诉了我自从我第一次见到她的那一刻起就一直在害怕的消息。

这是正式的诊断结果，她告诉我，我的小男孩得了自闭症。

“典型的”自闭症。

我们的生活将永远不再一样了。

3
被抛弃的人

我打开前门走进厨房，但很快意识到，山姆并没有跟着我进来。我转过身去，看到他仍然在门口徘徊，笨拙地站在自己的一摊尿液里。

“哦，山姆。”我很同情他。这是连续第三天，我从学校接他回来后他尿湿了自己。

他盯着地面，看起来很伤心无助。我并没有过于关注他的这次意外，这不是他的错，可怜的小东西。我抓住他的手，把他领到楼上，给他换上新的衣服。

我越来越担心山姆在学校的生活。尽管玛丽安吉利斯的诊断给了我一直以来想要寻找的答案，但我很快就清楚地知道，在日常层面上，这个“标签”对他来说并没有太大意义，因为他在过去五个月一直去的学校，并没有因为他的状况给予他更多的耐心或帮助。他们似乎不了解什么是“自闭症”，这并不奇怪。当我从给山姆做出诊断的诊所离开时，我觉得我对于什么是自闭症，以及怎么应对它，也只得到了非常少的信息，我并不指望那些不了解这个病症的老师们知道得比我更多。

“可以考虑语言治疗。”玛丽安吉利斯曾建议。所以我开始每周带山姆去见一次语言治疗师。但似乎剩下的就得由我来想该做什么了——我就像一个盲人，在黑暗中摸索着道路，去寻找答案。这是一个令人沮丧和孤独的使命。感谢所有我之前查阅的资料，我知道，现在最重要的是山姆需要有规律的生活，以便加强生活的可预测性。如果山姆一直按计划行事，并且知道接下来会发生什么事情，他就不太可能焦虑和不安。玛丽安吉利斯给了我一些带魔术贴的图片卡纸，我可以按顺序排列。比如上学时，排列好的卡片看上去是这样的：

阅读。水果时间。绘画。午餐时间。玩具。家庭时间。

这样做的目的是能让山姆想象出他的一天，如果他能预测下一步做什么，他就不会因为要去学校而感到那么焦虑了。

但是他的老师没有使用卡片。“他不需要它们。”她轻快地说道，轻而易举地驳回了我的努力。山姆在他学校的生活中缺少连贯性。我结交了一位在学校管孩子们用餐的女服务员，她告诉我，每天午餐时山姆都坐在不同的椅子上。

所有这一切的后果就是，在我的门廊上——山姆弄湿了自己。他花了一天的时间掩盖他的焦虑和恐惧，当他终于回到家，一个安全的地方，他就无法控制他的肌肉了，不得不尿出来。尽管他不能用语言告诉我，但我知道他一定觉得很难受，就像我看着他但又不能帮他一样难受。

在学校的另一大问题是噪音。自闭症患者大脑的神经元数量比“一般神经类型”的大脑要多得多。这意味着自闭症患者可能会感受到超负荷的刺激——噪音、光线、味道或色彩都使得他们变得痛苦难忍。但是什么事物能引发感官超负荷，或者会对山姆造成多大的伤害，是不能预测的。事后看来，怪不得山姆听到核磁共振机器的噪音会崩溃——它听上去就像在耳边发出的枪击声，而我们还一直试着把他放进这样吵闹的东西里！

所以西班牙孩子们的尖叫声对山姆来说也是一样的震耳欲聋，让他无法忍受。餐厅的噪声也很可怕。老师们告诉我，山姆在班里无时无刻不在紧捂耳朵，把头埋在桌下。

我不断地去学校，以及接听受挫的老师们打来的电话。

“山姆想把噪音挡住。”我告诉他们，试图解释为什么他假装在课上睡觉。

但是我的医学解释并没有起到帮助——他们无法理解山姆的行为。这不是出于恶意，这只是一所偏远的小学校，他们没有对待自闭症儿童的经验。

每天早上我都会把威尔送到托儿所，然后和山姆一起绕到山顶上的学校，从那儿能俯瞰斗牛场和我们住的贝纳尔马德纳普韦布洛村。这个地方绝不缺少美，有海有山，只是我的心被别的事占据了，无法欣赏它们的美。

学校的正中央有一个楼梯，四周分散着很多教室。一层有一个餐厅，面向操场开放。餐厅的右边是一个大房间，我每天把山姆送到这儿来。三百多个孩子都会到这儿和照顾他们吃饭的女服务员在一起，他们会大喊大叫，小孩儿们都这样。每天早上，山姆看上去都如此失落，如此胆怯，如此明显地被周围发生的一切吓倒。他大大的眼睛含着泪。我很讨厌留他自己在那里，但是我不知道还有什么可以做。如果我不带他去学校，我想我会被起诉。把他转到别的学校似乎也不是一个好的选择，因为新的环境可能会给他造成更多的伤害。唯一的安慰，也是我让山姆来这儿的主要原因——他的表兄弟汤姆和丹也在这里。汤姆五岁，丹四岁，丹和山姆同年级，但不在同一班。这有些遗憾了，因为我觉得如果在课堂上看到熟悉的面孔，会真正地帮助到山姆。

我原本可以在午饭时间让山姆回家，在家里吃，这样他可以避开餐厅的嘈杂——如果我不用工作的话。但现在我是一个单亲妈妈，需要承担起整个家庭的经济开支。我妹妹的前夫，帮助我在他的房地产开发公司找了一个销售的工作。这减轻了我经济上的负担，我只能勉强地一边工作一边照顾孩子们。毕竟，我还在慢慢接受丈夫和我分开的事实，而我的一个儿子需要特殊的照顾。至少可以说，这是一段艰难的时期。

我体会到许多不同的心理感受，其中有羞耻感。我得是什么样的怪物啊，我的丈夫要离开我？尽管詹姆每隔一周的周末会来看孩子们，我还是责怪自己没有让家庭延续下去。我觉得自己很丑，一点不讨人喜欢。

我妈妈和妹妹试图让我放心，告诉我我很漂亮，但是她们鼓励我的话我没法听进去。每当我看镜子的时候，我看到的是一个有些胖的“东西”。我讨厌我的红头发，讨厌我苍白有雀斑的皮肤，我希望我能像所有在街上散步的漂亮的西班牙女人那样有古铜色的皮肤和苗条的身材。我想成为除了我以外的任何人。

我感到很孤独，甚至想向陌生人寻求帮助。

一天晚上，我坐在阳台上，茫然地望着游泳池里的月光。我自己一个人，孩子们在妹妹家，妈妈在英国军团俱乐部。我越来越抑郁，觉得自己就将永远孤独一人了。我不仅为我自己感到难过，我也为孩子们感到难过，我极度希望我的儿子们的生活里能有一个父亲的身影。我的成长中没有父亲，我不希望山姆和威尔也这样长大。

我的思绪在头脑里转啊转，五脏六腑绞成了一个解不开的结。我强烈地感觉我需要立刻摆脱这种迎面而来的恐惧。

我敲了我邻居的门。

"乔！"莱斯利惊讶地大叫，她开门时看到我满脸是泪。

"我很抱歉，但是我不知道还能向谁求助。"我虚弱地说，想说的话卡在我的喉咙里。

莱斯利是一位五十多岁的英国女士。她和一个西班牙人，迭戈，结婚多年了。当然，她已经听说詹姆和我分开了，这条街的每个人都知道了。作为一个联系紧密的社区，这个消息已经像野火一样迅速传开。她邀请我进去，我穿着拖鞋，踩过她花园里干燥的地中海草坪，嘎吱作响。她把我带到了一张桌椅旁边，从那里可以望到大海。

"喝这个吧。"她递给了我一大杯酒。

莱斯利有一张漂亮甜美的脸庞，说话轻声细语。她是一位母亲，孩子已经长大成人。看到她眼里的同情，我再也忍不住了。

"我会永远孤独下去，"我脱口而出，"我三十八岁了，没有人会愿意和我在一起。"我没有勇气说出我脑子里还在想的——没有人会想要接受我的自闭症儿子。莱斯利搂着我，抱了我一下："胡说，这不会发生的。"

"你怎么知道？"我问道，眼泪流下了我的脸颊。我感觉自己就像一个小孩子，向妈妈寻求所有的答案。

"像你这样漂亮的女人很快就被抢走了！"她抱紧了我。

但在我内心深处，真正让我沮丧的不是我自己的单身状态，而是我想没有人会愿意把我和山姆作为一个整体接纳，我又担心自己不够强大到能独自面对，我担心只有我自己对于山姆来说还不够。

我很感谢莱斯利的鼓励，就像感谢我家人对我的鼓励那样。但是它们不能阻止我的情绪变得弱不禁风。一丁点微小的事就能让我发怒，让我泪水涌出，例如威尔把法兰绒布放在厕所里，这只是一件小事，但是当这样的事情发生时，我的身体感受到了由内而外的压力，我必须停下我正在做的事，提醒自己深呼吸——就像是恐慌症发作一样。我知道这样真的很傻，很多母亲都有患有疾病的孩子，只是我没法很好地应对。

事实上，威尔很可能是因为失去了他的玩伴才表现得这样顽皮。现在他会自娱自乐，好像山姆不存在一样。威尔甚至会从山姆身上爬过去，就像山姆是一件家具一样。而山姆也像是变成了家具，他会无声无息地躺在沙发上几个小时。只有一件事似乎能带给他一点生命的火花：绘画。有一天，他拿起一支蓝色的毡头笔，画了一个巨大的有眼睛和耳朵的太阳笑脸。他从来没有画过什么东西，太阳脸上的巨大笑容给了我一丝微弱的希望。在那些黑暗的日子里，这是一件罕见的激动人心的事。（现在那幅画被镶在画框里。）从那一刻起，绘画越来越多地成为山姆生活的一部分，但是他并不经常画。大部分的时间他都在走神，不和这个世界交流——不和我，不和我妈妈，也根本不和他弟弟互动。因而他弟弟似乎切断和忽略了和他的所有联系，独占了整个房间。同时，很明显地，我的两个儿子一个在绽放，而另一个在枯萎。

我用酒精来帮助我麻醉痛苦，我不得不尴尬地承认这一点。在一天结束的时候，我是那么筋疲力尽、情绪低落，想要喝一两杯来镇定神经。这样我会放松下来，然后再来一杯，然后再一杯……最后我发现自己已经喝了一整瓶了。我从来没有喝得比这更多过，也从来不喝烈酒，我总喝的是一种被称为佰尚佳的葡萄酒。西班牙人经常在阳光下喝酒，所以当你习惯了用酒来社交时，也会容易习惯借酒浇愁。虽然我不会是第一个酗酒的疲惫母亲，但是我妈妈很快把我从那样的边缘上拉了回来。

那是一个周六的下午，她意识到我的情绪已经很低落了，我们刚从托里莫里斯的超市回来。山姆在途中一直很安静，而威尔一如既往地好奇，想把所有的水果蔬菜都从桶里拿出来，全部都摸一摸。我们到最后都筋疲力尽了。

“我们去喝杯咖啡吧。”妈妈指着街对面的咖啡馆说。

咖啡厅看起来很传统，有色彩明亮的瓷砖，墙上挂着水壶，柜台上挂着西班牙香肠，咖啡厅里放着西班牙的音乐。这时，女服务员告诉我威尔的推车挡了路，语气显得有点唐突无礼……

我突然哭了起来。妈妈看着我就像两年前她看着山姆一样。她用余光看着我，担忧地摇着头。

“哦，乔，我们得把你的生活理顺了。”她把手覆盖在我的手上。

“我就是不知道该怎么办，”我哭着说，“山姆无法应付学校的生活，学校不会帮助他，我不知道我自己做的事会让他变好还是变坏，我很害怕。”

我的母亲可以看出，我已经到了崩溃的边缘了。然而，她并不仅仅是简单地告诉我要去控制自己，而是在我身边照顾我，陪我度过了最糟糕的一段时间。她马上就派来了帮手。妈妈做的第一件事，是让她的保洁员闪电般地把我的房子从头到尾清扫了一遍。只是把房子归置整齐，我的精神就变好了很多。妈妈带着满满的购物袋出现在我家里，她还把我送到了她最好的朋友弗兰的家，帮助我平复心情。

弗兰大部分时候住在英国，但她在海滩上有一个豪华的复式度假屋。她喜欢地中海充满阳光和桑格利亚酒的生活。和我妈妈一样，弗兰六十多岁了，她看上去总是完美无瑕。她迷恋时尚，喜欢化妆品和服装。她的衣服都熨烫过，头发仔细梳理过，指甲也总是精心修剪过。她使我羞愧！弗兰同时有很强的人格魅力，很活泼，爱笑，是那种走进一个房间就能把房间照亮的女人。当她和你谈话时，她对你是那么感兴趣，会问你一堆问题——她确实知道怎么能让你感到特别。

我带着孩子们去看她，我们都坐在阳台上。弗兰把三文鱼块铺成了一个可爱的形状。她看出我很低落，尤其是当我告诉她我对未来的恐惧的时候。“事情对我来说就是这样。”我对着我的香槟酒杯闷闷不乐地低声说。

“对了！”她突然站起来，显眼的栗色头发和她一起跳动起来。弗兰不是那种晚上会在枕头里哭泣的女人，她想要确保我也不会那样。

“我们要给你换一套新的装扮。”她宣布道，并把我引向她的卧室。弗兰拿出了她的裙子、上衣、比基尼，把它们扔在她熨烫过的完美的床单上。她告诉我，我可以拿走任何我喜欢的东西，这就是我的新装束。她真是太慷慨了。

她不仅为我做了这件事。当我试穿了她所有衣服从卧室走出来时，她提着一个大篮子在门边等着我，里面装着酒、奶酪、饼干，甚至尿布。她可能知道我比较困难。她真是太友善和体贴了。

她让我的生活有了起色——当我的邻居芭芭拉问我，是否愿意和她认识的一个男人相亲时，我有了信心说“是”。那是2007年7月，詹姆已经离开九个月了——事实上，从我们的关系快要结束时，我们就已经开始彼此疏远了，这让我感觉像是独自撑过了两倍长的时间——所以我已经准备好走下一步。这个男人叫戴伦，他是英国人，在石油钻塔上工作，这就是我知道的关于他的所有。母亲开车送我到贝纳尔马德纳普韦布洛的广场上去见他。

“我很紧张。”我说着，扣上了我的白色羊毛衫。我穿着弗兰的一件紫色的希腊风格的背心裙。我突然有点担心第一次约会穿它是否会有些太暴露了。

“你有一副漂亮的身材，去展示一下吧。”妈妈说着，把我的手从胸口上拨开。我深吸一口气，打开车门。这是夏天最热的时候，我很感谢席卷整个村庄的海风。

我们约好的地点在菲德尔，一家美丽的提供海鲜和其他肉类的餐厅。我看过戴伦的一张照片，所以当我走进去的时候，我知道该找的是谁。我的心跳得厉害，常见的关于第一次约会的疑问充斥了我的脑海：戴伦会喜欢我吗？我穿错衣服了吗？我应该再化浓一点的妆吗？一个身材高大健壮的男人从桌子后面站了起来，打断了我的想法。

“你一定是戴伦。”我羞涩地笑着，根据他照片上的样子认出了他。

“是我。”他对我笑了笑，带着柔和的约克郡口音。

我非常紧张，我想我一定在以每小时一百英里的速度喋喋不休地说话，不时地玩我的头发，拉我的羊毛衫。但是我认为我不是唯一感到不安的人，戴伦看上去也很紧张。的确，他突然脱口而出：“你真的很失望，是不是？”“不！”我吃了一惊。他是一个很好看的男人，高大健壮，有漂亮的白色头发和胡子。知道我并不是唯一一个感到不安的人，我放松下来。也许我们比我所知道的更相似。

住在西班牙最棒的一点是，可以在户外度过很长时间，这意味着你永远都能闻到各种各样的香味。我和戴伦吃饭的时候，时不时会有含羞草的气味、茉莉花的香味和海的气味飘过来，帮助我们舒缓神经，放松地进入谈话中。

吃完一整盘餐前小吃，戴伦告诉我，他作为安全员在石油钻井平台工作了半年，另外半年在瓦伦西亚的家中度过。他比我大一岁，和前妻有一个十几岁的女儿。他很快要去韩国，在那里为下一次石油开采建造一艘船。因为棘手的工作安排，他很难和别人约会，他解释说。我被他在石油钻塔上冒险玩命的故事所吸引，但是似乎戴伦更想了解我。

对我来说，有一个男人愿意听我说话，是一个新鲜的经历。

我发现自己向戴伦打开了心扉，畅所欲言。我打破了约会书籍里的所有规则，告诉了他我的故事。我告诉了他詹姆和自闭症的儿子的事。我以为戴伦知道我有一个特殊的孩子，他就会跑得远远的。但是，戴伦似乎并没有感到丝毫的惊慌失措，他非常冷静和理智，更重要的是，他显得很友好和得体，和他一起度过这个夜晚是一件很愉快的事情。

我们还互相开着玩笑，我笑得太开心了，甚至没有注意到我们是坐在菲德尔露台上的最后一桌客人。不过，我发现我很高兴我们能这样独处。当戴伦俯身亲吻我的时候，我回吻了他，但是我没有让我的情绪失控。尽管我很喜欢他，但我还没有准备好建立一段全新的关系，我的注意力还在山姆身上。

当我们互道晚安的时候，戴伦说他迫不及待现在就想安排从韩国回来后的下一次约会。

"给我一些时间。"我有点迟疑地说。我不太愿意安排未来那么遥远的一次约会——戴伦会离开几个月——但我也同样担心，他会因为我想慢慢来而失去兴趣。

"你需要多长时间都行。"他理解地说。在我招呼计程车的时候，我感受到了很长时间都没有感受到的东西。

希望。

4
回到场上

“你的儿子被告到校长那儿去了。”

“为什么？”我不可置信地盯着我的朋友——餐厅的女服务员告诉我，山姆在餐厅里袭击了坐在他旁边的男孩，他抓了他的脸，然后把墙上的一幅画撕成了碎片，朝着赶过来把孩子们分开的工作人员猛扔过去。我用手捂住了嘴，很难相信我所听到的：首先，这完全不符合山姆的性格，他通常都很安静；其次，我在前一天还恳求他的老师让他远离食堂。我曾经说过，三百个孩子的声音对于他来说太吵了，他没法应付。对于他敏感的小耳朵来说，那声音听起来像雷鸣一般——那种特别大声、突然出现在你上方、能让你惊跳起来的雷声。因为感觉超负荷，于是他攻击周围，就像一只受惊吓的动物被逼至绝境时一样。我开始意识到，他已经到达了忍耐的极限。

“另一个男孩还好吗？”我问道。

“另一个男孩没问题，但是他的父亲向校长投诉了。”她扬起眉毛。

在别的母亲把孩子接走的时候，我感觉我们成了操场上被议论的对象。一个母亲把他的小孩从山姆身边带走，低声耳语着什么。我只想带着山姆尽快离开这里，我为我可怜的儿子感到难过。但是山姆似乎没有注意到那些注视。他盯着地板，像往常一样迷失在他自己的世界里——这让你很难相信刚刚发生的那些事。

我开车下山的时候，发现自己变得越来越愤怒。我恼怒地拍了一把方向盘，然后瞥了一眼后视镜里的孩子们，我的泪水又回来了，刺痛了我的双眼。然而它们不是不安的眼泪，而是懊恼的眼泪。山姆的老师似乎根本没有听取我给他的建议。山姆需要图片的辅助，让他知道这一天该做什么。他需要待在安静的地方——他根本就不该进那个餐厅。同时，我还感到内疚。山姆到底经历了什么，能让他做出那样的事，去攻击这个世界，尤其是平时他总是选择忽视它。我是他的妈妈，我不想让他受到任何伤害，也不想让他感到任何不安。然而，我不由得觉得，无论我做什么，都是失败的。

我努力让自己平复下来。我一回到家，就立刻跑到电话旁边。

这一次，我打的第一个电话不是给妈妈，而是给戴伦。

过去一个月以来，我们每天都发电子邮件。自从他去了韩国以后，他就成了我生活中的一员，他总是随时准备着给予支持——只是作为朋友，不期望更多。

“你好？”他听上去已经睡着了，声音沙哑。刚才发生的事情太让我不知所措，所以我完全忘记了时差——韩国已经是晚上十一点了。

“哦，我的天啊，戴伦，我很抱歉。”我愧疚地说。“没关系。”戴伦一边清嗓子一边回答。在过去的一个月里，我已经被他的宽容打动很多次。我们几乎不了解对方，但是他能为我和我的问题在深夜里从床上爬起来。如果我不是感到这么绝望的话，我不会这样打扰他。我真不知道该怎么做，能求助谁，我被困住了。

“只有一件事你可以做，”在听了山姆在食堂发飙的事，和我担心他每天午饭时间都承受着过度的感官刺激之后，他说，“你得换个工作时间，带他回家吃午饭。”

就这样——他把问题解决了。

也许对局外人来说这是一个特别显而易见的解决办法，但是我因为被卷入了各种混乱当中，没有办法清楚地思考。我需要像戴伦这样的人给我指明方向。

我的老板，我妹妹的前夫，非常理解我，同意我下午可以不上班。山姆一回家吃午饭，他就好转了。他吃着厨房桌上的三明治，平静而满足。虽然，山姆还需要忍受教室的喧闹，但是他至少不必应付午餐时间食堂的混乱情境了。

我克服了一个小小的障碍，这多亏了戴伦。

我们每天都在电话里聊天。因为七个小时的时差，我们通常会在西班牙的午餐时间联系，然后戴伦和我慢慢梳理每件事。有很多时候我感到很沮丧，但是戴伦总是给我打气。他甚至在詹姆提出离婚申请时，默默地听我哭泣。我掉眼泪并不是因为我希望丈夫回来，而是因为终于要结束了。九年了，现在都要结束了。

戴伦理解我混乱的想法。他向我保证，只要我好好睡上一晚再做决定，事情就会不一样，新的一天总会带来新的开始。我得到了安抚，并且在我的生命中我第一次觉得我可以真正地相信一个男人。

戴伦给了我力量和信念来决定接下来我该做什么。这并不容易。我需要鼓起我所有的勇气，因为这个决定将使我的儿子们离开他们目前为止所熟悉的一切。但是我又别无选择：我得把我的儿子们带回英格兰，在那里我可以找到能够帮助山姆的教育和医疗资源。

我知道，让我妈妈和妹妹接受这个决定是不容易的。我们都在西班牙生活，而我现在要打破我们团聚的状态。在妹妹的家里，我们坐在餐桌旁，我决心告诉她们这个决定。我手里捧着一杯茶，挣扎着该怎么说。“我要搬回英格兰。西班牙不能给山姆迫切需要的帮助。”我鼓起勇气一口气说完。我妈妈看上去还好，也许她已经预料到我的这个决定了，我的妹妹却没有控制住。

“不，你不能！”她喊道。

我向她解释，这不是一个轻易的决定，我不想离开我的家庭。我也不想让我的儿子们和他们的表兄弟们分开。但是，我还能有什么其他的选择呢？

莎拉转过头看着威尔、山姆、汤姆和丹。“你要记住这些男孩儿都爱着对方——山姆会没事的，因为他们都爱他。”她自信地说道。这个理由足以令人信服，但是我一离开我妹妹家，我就知道我的心必须服从决定。只有家庭是根本不够的。我那么地爱着山姆，但是这世界上的所有爱，都不能保护他，让他痊愈。我知道，对于山姆来说，最好的办法是回到英国去。

戴伦百分之百支持我搬回去。他告诉我，不论我在世界上哪个地方，他都想继续我们美好的关系。也许因为他已经习惯了长距离旅行，我们之间多出的几千英里对于他来说，也并没有太大差别。我从戴伦身上得到的力量和支持对我来说都是全新的，它们让我感觉很棒。

当我决定离开的那刻，我就开始梦想着英国的乡村生活。我做的第一件事，就是在西班牙找到了一个律师。詹姆和我的离婚手续正在办理过程中，我知道这样一个攸关孩子未来的重大决定需要专业的处理。谢天谢地，我采取了行动。我雇用的律师胡安娜告诉我，如果我今后想要到英国去，现在就必须提出申请。所有关于孩子的决定，例如探视权、抚养费用，以及我们以后生活的地方，都必须在我们正式离婚时从法律上得以确定。如果我错过了这个机会，我可能就永远不能和我的孩子回到英国了。

我的五脏六腑都揪紧了。我只有一个月多一点的时间来建立我的诉讼档案，离婚听证会在2007年9月就要举行了。

“我需要做什么？”我问我的律师。

胡安娜告诉我，法官可能会支持孩子们留在西班牙。毕竟，我可以说西班牙语，在这里已经生活了二十年，并且我的家人和孩子的父亲也住在这个国家。我面临的是一场真正的战斗，唯一能赢的方法就是证明西班牙无法为山姆提供他所需要的任何医疗援助。

我行动了起来。首先，我列出了英国专门招收自闭症儿童的特殊学校，例如伦敦的“树屋”学校，以及能为需要帮助的儿童提供照顾的主流小学。我想证明英国在治疗自闭症方面比西班牙早了几十年。我还在英国找好了两份工作，证明我有能力照顾男孩儿们——我的表弟和我最好的朋友的哥哥都给我提供了工作。我甚至列了一份英国针对自闭症儿童所提供的治疗法，比如“骑驴避难所辅助疗法”，感官治疗室，还有其他，包括艺术、音乐、职业、芳香、反射、语言疗法。

我想证明只要我到了英国，就有一整个支持系统，所以我也列出了我认识的英国朋友的名单，他们都有自闭症的孩子。我找全国自闭症协会要了小册子，了解他们对自闭症的解释，以便我能让法官知道我很清楚自己在说什么。我收集了各种小册子、文件、杂志……我的桌上堆满了各种资料。我把当时寻找山姆出了什么问题时的坚定，用在了把档案材料整理得滴水不漏上。我是身负重任的人。

我的下一个任务就是，证明西班牙缺乏能提供给山姆的帮助。

我向一个自闭症慈善机构寻求了帮助。他们的回复却是这样：“上帝给了你山姆这样的儿子，因为他需要一个你这样的母亲。”尽管他们表面看上去很善良，但他们的反应让我怒火中烧。

我拜访了三所公立学校和两所付费国际学校——如果我们留在西班牙的话，这些学校是最有可能为山姆提供中学教育的。但前三个立即对山姆说不，他们甚至都不肯接收他。一个国际学校说我需要雇用一名语言治疗师陪同山姆去上课——所以我要交学费，还要给专家付工资。最后一个国际学校提供了最直接的办法。

我走进这个学校的时候，并不认为又是一次失败的尝试——绝对不会，因为学校很大，干净整洁，井然有序。当你走进大门的时候，在你的右边能看到一个漂亮的操场，还有挂着的绳子和滑梯。我被带进了校长办公室，办公室非常大。校长坐在巨大的玻璃写字台后面。

“你好。”他把手伸出来和我握手。

我简述了我的情况：山姆被三所西班牙公立学校拒绝了；而那些离得较远的学校，我甚至没有收到他们的回复；还有一所国际学校告诉我，我需要雇用额外的治疗师每天陪山姆上课。

“你能给我的儿子提供教育吗？”我在一连串没有喘息的叙述后问道。

校长俯身倚在他的桌上。

“没什么好讨论的，”他直言不讳地说，“我想你们应该回英国去。”

对！我想，这是我武器装备中的另一件武器。他的说法让人感到安心。像他这样的教育专业人士都说了，我儿子离开这个国家会更好，和我一直以来的感受是贴合的。

每当我收到学校的电子邮件，或者有能推进我案子的材料时，我都会把它们转发给我的母亲。“你一定为自己感到骄傲吧。”她回复道。妈妈总是鼓励我，告诉我要相信自己。她还愿意为了我做出牺牲，因为她告诉我说，如果能够对我的案子有帮助，她也会回到英国。

“妈妈，你不能这样做！”我大声说，“你的朋友都在这里，你的社交生活那么精彩！我不希望你对这些都说再见。”

但是母亲抱起山姆，放在她的膝盖上，用手指梳理他金色的头发。山姆和威尔都很爱我的妈妈。她亲了亲他的小脑袋，抬头看着我：“他需要帮助，如果你能向法官证明你在英国有一个家庭在支持你，这可能会改变法官的决定。”她这样解释道。

我的眼中充满了泪水。“我爱你。”我说。

我觉得仿佛有一个部队在我的身后支持我。出庭日期就在眼前——2007年9月12日。尽管准备充分，我在前一天晚上还是非常紧张。我翻阅了所有的文件，把我的律师会问我的问题的答案背下来。想到各种可能会出现的结果，我真的十分紧张。

我还害怕再次见到詹姆。我们已经几个星期没有说话了。我很担心他会认为我向法庭申请离婚是出于报复，但是这不是事实：这完全是为了帮助山姆。我还担心法官和法庭上的每个人如何看待我——他们会不会认为我是个怪物，所以詹姆不得不离开我还有他的孩子，而且这个怪物现在还要把孩子从父亲身边抢走？我仍然带有一种不知从何而来的羞耻感，认为家庭破裂都是我的错。

我努力让自己冷静下来，把我可能会穿的衣服都摆在床上。虽然这件事对明天的庭审来说并没有多少帮助，但是它能让我集中注意力，不再胡思乱想。最后我选择了全黑的衬衫和西装裤。

然后我给戴伦打了个电话。到现在为止，我们每天都在网上或手机上聊天，有时候甚至连续聊三个小时。我们已经两个月没有见过面了，但是频繁的联系使得我们的关系变得更加牢固——也许比我们直接出来约会效果更好，因为我们先建立了很好的友谊。我已经等不及要见他了，十月份他会从钻井平台回来。但是，目前我只能专注于接下来的二十四小时。我不能搞砸——山姆的未来就握在我的手里。

“不要对自己太苛刻。”我把所有的担忧都告诉戴伦后，他对我说，“你请了一个好律师，你已经做了所有能做的事。现在你没有什么可做的了。试着睡一会儿吧。”

是的，我一会儿都没睡着。

但是这已经不重要了。第二天早上我几乎从床上跳起来，因为我的身体里充满了肾上腺素。起床后我匆匆忙忙地穿好衣服，给孩子们准备早餐。

我让孩子们赶紧钻进我的吉普切诺基车里，然后开车上了山。这是威尔第二个星期去学校（在西班牙，孩子们三岁去学校），而他似乎已经适应得很好了。当我带着儿子们走到学校的大门时，我感到一阵恐惧向我袭来。我突然意识到，等我回来接他们的时候，他们的命运就不在我手上，而是在法官的手上了。我抚摸着山姆和威尔，亲吻他们，直到玛利亚来把他们接走，牵着他们的手走进学校。

山姆回过头来看了我一次。这是好几年来他的眼睛第一次看着我的眼睛。他知道今天是一个重要的日子吗？我寻思着。

我一回到车里，眼泪一下充满了我的眼眶。但是我坚定地告诉自己，现在不是哭的时候：现在是为了山姆而坚强的时候。我看了看后视镜，检查自己的妆容，擦掉眼泪，转动钥匙发动引擎。现在是拯救山姆的时候了。

我的汽车播放器这几个星期都播放着同一张CD。那是一张没什么品位的流行音乐碟，发行于2001年。但是其中有一首歌对我有特殊的意义。

“全体起立，全体起立！”我把播放器声音调大，跟着一起唱这首蓝色乐队的经典单曲。对我即将到来的法庭案件来说，这首歌的歌词十分贴切。我在网上查资料的时候，总把它当作背景音乐，所以在过去的几周里，它是我的战前号角。我大声放着歌，把窗户摇下来，开向山下的托里莫里斯法院。我十分忐忑，心脏猛烈跳动着。我不得不一直告诉自己，我会赢，我们会渡过这一关。

虽然不停为自己打气，但是我连法庭是什么样的都不知道——我会和詹姆还有法官坐在一张桌子上吗？还是会像电影里那样全部都是人？我知道的只是我会在那儿见到我的律师和妈妈。

今天是一个阴天，还刮着风。当我从车里出来往法庭走的时候，我不知道我颤抖是因为紧张还是因为寒冷席卷了整条街，我抱着手臂走在风中。

法院的房子是一栋古老的砂岩建筑，由四个巨大的柱廊支撑，十分漂亮宏伟。入口高挂着两面西班牙旗帜。我深吸一口气走向未知。

我没想到等候室那么小。这是一个狭窄的小房间，四个塑料座位分别靠在两面墙上，中间是通往法庭的走廊。我的律师和她的助理坐在一边，另一边则是詹姆的律师和她的助理。我们和对面只有一拳之隔，让人感觉透不过气。

胡安娜低下头，在我耳边低声提示我。我的母亲也会提供证言，所以胡安娜正在告诉我她可能会问她的问题，比如，“山姆和威尔关系怎么样？”“乔是一个怎样的母亲？”“詹姆是怎样的父亲？”这时詹姆走了进来，我开始感觉难受，想吐。

“早安！”他用深沉的嗓音向房间里的人自信地打了个招呼。

每个人都停下了他们正在做的事，抬头看着他。他一直拥有很大的魅力。即使我知道这样很粗鲁，但是我没法向他说“你好”。我的眼睛盯着地板。我的手颤抖得很厉害，我得攥着笔记本，以免它们从我手中掉出来。

接下来，我母亲出现了。我立刻感到我方变得强大了——现在是四比三了。每次我抬头，我都发现詹姆的律师在看着我，而詹姆则漫不经心地靠在墙上。因为我的羞耻感，我甚至没法让自己去看他。整个屋子气氛很紧张。

被叫进去前的最后时刻，我在头脑里反复想着我该说什么。我准备非常简单地为法官解释自闭症和山姆的行为。我想象自己在台上，脑海里列出他们可能的所有提问以及我的回答。我感觉自己就像在为考试复习一样，不过至少我有所准备。

但是，当门打开的时候，我发现我并没有准备好面对法庭里那么多的人。里面至少有十几名法警、司法人员，还有一些民众。过道的前方是一个巨大木桌，两边是整齐的长凳。墙上挂着的是西班牙国王和女王的金色肖像图。最左边的角落有一个带相机的三脚架。我在王室成员的监视下，还被录了像。

拜托，乔，你可以做到。我给自己打气。

我被带到詹姆的旁边坐了下来。我们之间的间隔只有三英尺左右，但感觉就像隔了一英里。我们曾经那么亲密，现在真是难以想象。詹姆对我来说已经像个陌生人了。

“全体起立。”工作人员宣布。法官穿着垂下来的长袍快步走了进来。他有一头浓密的银色头发，鼻子中间架着半月形的眼镜，坐在王座一般的雕刻椅上。

我可以清晰地听到我的心跳声。我看了一眼詹姆，他似乎也很紧张。看着他的表情和僵硬的坐姿，我猜他和我一样，没想到会有那么多人出席一个离婚听证会。

法官透过他的眼镜，轮流地看着我们。我突然非常在意我的坐姿。法官是否在心里评价我的仪态？于是我伸直了背部，双腿平放，把双手整齐地叠在大腿上。我尽量让自己看起来正式体面，给法官留下一个好印象。

法官清了清嗓子，陈述了一连串的例行公事，包括为什么要录像——他在做最后决定之前又看了一遍庭审证据。幸运的是，我的西班牙语很流畅，否则我肯定不知道他在说什么。

“乔安娜·贝利请起立！”法警大声宣布道。听到自己的名字被叫到，我的一颗心都快跳出来了。为了走到讲台，我的腿不得不擦着詹姆的膝盖挤过去，这让我很尴尬。还好，我的律师胡安娜开始了提问，让我放下了心来。

“你在西班牙住了多久？男孩儿们多大了？”她快速问着我们之前演练过的问题，为接下来的提问预热：给一屋子也许从没有听过“自闭症”这个词的人解释什么是自闭症，而且全部用西班牙语!

轮到我回答了，我开始滔滔不绝地讲述。讲到中途，在我描述与自闭症有关的所有障碍以及它们如何影响山姆时，我抬起头发现，每个人都在专注地看着我。我可以看出他们被我所说的吸引了。我接着说了下去，决心要把记忆里每一个要点都解释清楚。最后我停下来，喘口气，问我的律师：“这些够了吗？”

“足够了。”她点点头，然后整个法庭传出一阵大笑声。

我想那些在场的人可以从我脸上的表情看出，我能一直继续说下去——如果有必要的话，我再接着说几个小时都可以！因为我要告诉他们我知道的一切，以及告诉他们我儿子的需求。

这样打破僵局的笑声正是我需要的。我在那天早上第一次觉得放松了一点。

“你为什么想回英国呢？”胡安娜接着问我。

这是一个简单的问题。我清楚地阐述了西班牙的学校不接收山姆的做法以及遇到的一个又一个的障碍。

偶尔，法官会提出一个问题来质疑我，但是我总是有准备好的答案。我非常注意避免说詹姆的坏话。我认为批评他是不明智的，因为这个案子不是关于他的而是关于山姆的。我唯一提到的就是詹姆不经常在家，而这完全符合事实。

然后轮到詹姆的律师对我进行盘问了。她穿着细高跟鞋、黑色修身的西装衣裤和挺括的白色衬衫，看上去让人心生畏惧。她的深色西班牙头发被漂成金色，发尾颜色很浅。她比我的律师年长许多，看上去似乎经验丰富。

我为自己打气，做好准备。

这个女人清了清嗓子，开始了她的攻势。她的询问是我遇到过的最咄咄逼人的，但是我都有准备好的答案。我想现在的情况还不错。

然而，就在我觉得事情的发生都在计划范围内时，她突然杀了我一个措手不及。

她提到了我的新工作日程，她问我：“对于孩子们和你度过半天时间，然后另外半天和詹姆在一起，你有什么反对意见吗？

假如你有意见的话。”

“呃，呃。”我结结巴巴，一股热气卷上了我的脖子。我并没有想到她会建议共同监护。我事先并没有准备这个问题的答案。

她看到了我铠甲上的缝隙，于是杀了进来。“你有异议吗？”她大吼道。

我看着我的律师想向她求助，但是我看出她也局促不安。怎么说才是正确的呢？我想知道。我不想走错任何一步，影响案子的判决。我还没有想清楚该怎么回答。我脑海里的第一反应是，这有很大的问题！我想吼出来。你不能对一个自闭症儿童进行共同监护。这样就和我做的所有事情都背道而驰了。山姆需要可预测感和安全感，而不是每天在他爸爸和妈妈之间来来去去。

但是就在我犹豫不决和为怎么表达自己的意思而焦虑的时候，这些话不知为何困在了我的喉咙里。而最终，我最不想说的话蹦了出来：“啊，应该没有。”

“以上就是我要问的全部问题。”她得意地笑了。而我的心沉到了谷底。

我没法去看詹姆，也没法去想山姆。

我彻底搞砸了。

5
大猫和法庭传真

在我之后，詹姆走上讲台，我把头埋进了双手里。

我确信我失去了拯救山姆的机会。胜利可能一开始是偏向我的，但是我把机会拱手让了出去，因为我愚蠢地说了我很乐意共同监护，虽然这根本不是真心的。

我看着詹姆在台上站好，他还是那么自信。他风度翩翩地站着，就好像法庭是他的舞台，他是充满了魅力的偶像明星一样。我强迫自己去看他接下来的表现，而我想他的表现会征服法官。尽管我不知道他会说什么，但我想他不会比我这样给自己挖了个坑跳下去更糟糕。

但是不知道为什么，虽然他把案件交代得很好，但似乎法官并没有被他打动。

我为他感到抱歉，但我不否认，我并不感觉难过，这样的形势能让我收复一些失地。余下的听证会在一片模糊的记忆中过去了。

“休庭。”法警的声音打断了法庭里的紧张气氛。

无论如何，这会儿已经都结束了。

我松了一大口气，才意识到我之前一直屏着呼吸。我看着胡安娜，喃喃地问她：“我们赢了吗？”

“你全靠你自己赢了！”她轻轻地在我耳边说，称赞我刚才的表现。

在关于共同监护问题上的回答错误之后，这正是我需要听到的。我走出场外的时候稍微自信了一些，但是时间会证明她说的是不是对的。

在等待判决书到来期间，男孩儿们仍然每隔一周见詹姆一次。我以为法官不需要多少时间就能做出决定，但是时间一天天、一周周地过去了，我越来越紧张。

更糟糕的是，山姆的情况开始走下坡路。他在学校和家里崩溃的频率增加了一倍。可怜的小家伙现在时常会在课上失禁，他的焦虑已经很严重，而我时常需要开车上山到学校为他清理，因为学校的政策是，如果孩子意外失禁的话，父母得去帮孩子收拾好。

除了这些事情带给我的压力，我还对戴伦即将回来感到紧张。我几乎还没发觉，十月已经到了，戴伦和我要在数月的电子邮件联系之后见面，一起度过一个周末。他还将第一次和男孩儿们见面。如果我们之间没有化学反应怎么办？如果孩子们不喜欢他怎么办？如果我们的关系在远距离能保持，而一见面就维持不了该怎么办？

但是我所有的焦虑在戴伦从马拉加的机场里走出来时就消失了。我自己一个人去接了他。隔了那么久我都忘了他长得是多么好看了——但是真正的闪光点是他的性格。他轻松地走出到达大厅，朝我咧着嘴笑。

“嗨。”他自信地吻了我一下。我既紧张又兴奋，但是同时也有一种一切都正在变好的美妙感觉。

这样的感觉为接下来的周末奠定了基调。我在他身边感觉如此的自在，因为我们已经通过网聊了解了对方所有的事。在从机场回去的路上，我把男孩儿们从妹妹家接回来。而一进家门戴伦就和孩子们打成了一片。

他把旅行包打开，拿出两件礼物——一件给山姆，一件给威尔。

“你们应该说什么？”我提示男孩儿们。

“谢谢你！”威尔着急地说，蹿到戴伦旁边，他是个很好奇的孩子。

山姆在挣扎着说话。

“你……”他成功重复了他听到的最后一个词，他有时候会这样说话。他已经尽力了。戴伦和威尔坐在地板上，鼓励山姆也过去和他们坐一起。

山姆就像一只蜗牛，小心翼翼地从他的壳里钻出来。他慢慢地把视线从地板上抬起来，好奇地看着戴伦拿着的东西。他不能直视戴伦的眼睛，但是很明显他想靠近一些。他小心翼翼地穿过房间，盘腿坐在他弟弟旁边。

威尔很享受地慢慢把包装纸一条条撕了扔到身后。山姆则小心地拆着戴伦给他的惊喜，精心地把透明胶带一条条撕下来，尽全力不弄坏包装纸。山姆一看到礼物是什么，就开始像鸟一样拍打他的手臂——现在我已经知道了这意味着他很激动。礼物是一个飞机模型。我告诉过戴伦山姆喜欢飞机，所以他很贴心地买了飞机模型送他。山姆用眼睛直直地盯着飞机的机翼，来回挥舞着飞机，发出“嗖嗖”的声音。

戴伦甚至没有对山姆不正常的行为显露出一点惊讶。当然，他知道会发生什么，因为我在电话里无数次跟他描述过山姆，但是不仅仅因为如此——他显然是个喜欢小孩、亲切友善的人。

他很想和孩子们在周末做一些有趣的事，所以我提议我们去位于福恩吉罗拉的动物园。因为法庭的案子和所有这些发生的事情，孩子们和我已经很久没有做类似的事情了。对我来说这是一次放松，而对山姆和威尔来说会是有趣的一天。

福恩吉罗拉是贝纳尔马德纳海滩之外第二大的阳光海岸旅游胜地。许多高高的建筑沿海边耸立，数以百计的度假者躺在沙滩躺椅上，被晒成龙虾一样的红色。长长的混凝土长廊旁边总是排列着棕榈树、酒吧和卖冰激凌的人。对于十月份来说，现在有点太热了。我们把窗户摇下来，在去动物园的路上一路唱着童谣。山姆没有加入我们，但是他也显得很开心。当我们到达的时候，戴伦担心男孩儿们会被灼热的阳光晒伤，于是细心地把防晒霜抹在孩子们的鼻子周围。

动物园位于福恩吉罗拉的中心，从海滩过去需要走十分钟左右。动物园里有一百多种动物，都关在笼子里，你能从玻璃外面看他们，从墙外看他们，或者在观赏点观看他们。有猴子、貘、狐猴、长臂猿、侏儒河马，甚至还有科莫多龙。但是只有一个动物引起了山姆的注意：苏门答腊虎。

当我们走近时，这只老虎在他郁郁葱葱的绿色圈地里漫步。我不记得山姆什么时候这么警觉过。他专注地看着老虎在长长的草丛里踱来踱去。时不时地，草在老虎的身后合上，它的身形隐没其中，消失在人们的视线中。我看了看戴伦，他也注意到我的儿子被吸引了。突然，草被分开，老虎出现在了离我们站的地方只有一英尺的地方，只有一层玻璃把我们和这个凶猛的肉食动物隔开。

威尔躲在了我的腿后面，但是山姆却被迷住了。老虎慢慢地靠近了玻璃，把鼻子靠在上面。山姆轻轻地把自己的小手放在了玻璃上，就像放在老虎的大鼻子上一样。

我的心已经提到了嗓子眼。我发誓我看到了玻璃上有一条裂缝，但是也可能是我自己想象出来的。我脑中上演着一幕玻璃碎掉，老虎跳在了我儿子身上的场面。我很想把山姆的手拨开，把他抱到安全的地方，但是又强迫自己不去打扰他。这是一个多么激动人心的瞬间啊，我看着眼前的景象：山姆活过来了。

“戴伦，看。”我低声说，尽量不把老虎吓跑。

“我知道。”他嘴里咕哝着。

当山姆从老虎身边走开的时候，他笑了。这简直太不可思议：山姆根本不怎么笑。当我们去下一个园子的时候，我不禁想着刚刚目睹的事情也许还有更多的意义。那雄伟的动物是不是赶走了山姆身体里束缚山姆的什么东西？

我的思绪被打破了，戴伦在滑稽地学黑猩猩的叫声，逗乐了孩子们。我都不确定我是带着两个孩子，还是带着三个孩子一起来动物园的！孩子们喜欢他的滑稽模仿，威尔一直在傻笑。戴伦和孩子们在一起相处得非常好。他把他们轮流扛在肩上，跑来跑去看各种动物，告诉他们每个动物有意思的地方。

我们在动物园餐厅吃了热狗、汉堡，喝了果汁。然后我们继续去看动物，直到男孩儿们都太累了，我们才决定回家躺在游泳池边放松。我把戴伦留在阳台上，自己进厨房准备一些零食。等我回来的时候，戴伦一边的膝盖上坐着山姆，另外一边坐着威尔，他在给他们读故事。他的声音是那么柔和，威尔看上去几分钟之内就能睡着。

我站在旁边，静静地观察他们，沉浸在这个神奇的时刻。虽然听上去有点老套，但是看到戴伦像一个父亲一样和孩子们相处，我的心都融化了。

那天晚上，孩子们上床睡觉之后，我和戴伦坐在阳台的藤椅上，我们把疲惫的双脚搁在咖啡桌上，脚趾碰着脚趾。我把玻璃杯捧在手上，考虑要说些什么，还是继续享受这样舒适的沉默。我们在过去的数月里和对方说了那么多话，让我觉得我们已经无话可说了。最后，我们觉得已经不需要再说什么了。从那以后，我是戴伦的，戴伦也是我的了。

我们在一起的美好周末过得很快，但是几个星期过去了，判决还是没有下来。每当电话铃响，我都提心吊胆。

我开始设想，如果我不能回到英国会怎么样？我到时候该怎么帮助山姆呢？

2007年12月7日，离上次去法庭已经快过去三个月了，我的律师终于给我带来了一些消息。我那天在工作，正准备带一个富商去现场参观，前台把电话转给了我。

“乔，你的电话！”

“你好？”我的心猛跳着，最近我每次接电话的时候都会有这样的反应。然而，这一次的电话是胡安娜打给我的。我做好了最坏的打算。“乔，我有好消息给你！”她喜悦地说，微笑开始爬上我的脸。“你可以回家了！”她尖叫道。

哦，我的天!

“我简直不敢相信！”我高兴地大叫，在办公室里兴奋地手舞足蹈。

胡安娜告诉我在传真机旁边等一下，然后一张写着离婚条款的纸慢慢地滚了出来，每一行依次是各项判决。我获得了男孩儿们的全部监护权。詹姆可以每个月去英国看望孩子一周，在西班牙和他们度过一半的圣诞节、复活节和暑假。至于赡养费用和其他的东西，我一点儿也不在乎，我只在乎一件事。

我们要回家了。

6
新的开始

我已经忘记了英格兰的春天有多美了。离我上次看到郁郁葱葱的绿色田野、绿篱、水仙和番红花，还有树上的花朵，已经有十三年了。即使在机场也能感觉到和西班牙完全不一样。机场到达厅的地上铺着地毯，而不是冰冷的大理石；空气中的气味也是不一样的：咖啡，热香肠卷，烘焙糕点，还有路过书店时的报纸的香味。英国有西班牙没有的一种舒适感。有什么总引诱着我回家，回到英国的土地上。

2008年4月，当我走过布里斯托尔机场的自动门，吸入外面的新鲜空气时，西班牙的三角梅藤蔓和柑橘类水果的香味就被披着露水的草地和绿树的清香取代了。我往肺里深深地吸进一口气，然后缓缓地释放出来，享受着每一次呼吸。

我看着戴伦，对他咧着嘴笑："我们回家了。"判决一下来，我就把西班牙的房子放在了房屋市场上，开始寻找英国的学校——而这一次回家，只有我和戴伦，孩子们跟着詹姆在西班牙过周末，我们来是为了给山姆挑选最合适的学校。我决定把我们的新家安在德文郡，因为那里为自闭症儿童提供了很好的服务设施，同时也因为我年幼的时候在那里度过了许多个快乐的假期。我似乎可以看见我们在绵延起伏的丘陵中生活得心满意足。

在此之前，我挑选了这个区域内对阿斯伯格和自闭症儿童教育有专长的学校——所谓的CAIRB（交流和互动资源基地）。这附近有四所这样的学校。戴伦提出和我一起去每一个学校访问，我很感激他在我的身边。我们租了车，开始往德文郡行驶。

我决定要为山姆做尽可能好的选择。在我看来，把山姆送到一个只为需要特殊教育的儿童而开设的学校绝不是最好的选择。而CAIRB的美妙之处在于，随着时间推移，老师们会把自闭症儿童引进主流班级。我坚信，如果山姆在神经发育正常的儿童身边长大，他今后能成功融入社会的可能性就更大。那样的话，如果在他成年之后有人对他不礼貌、欺负他或者奇怪地看着他，他就不会被他们的粗鲁打败，因为他已经学会应付这些的技能了。虽然我已经开始担心他会被欺负了——哪个妈妈不会呢？——但是我不能一直在他身边保护他，所以山姆需要学习怎样克服挫折。而特殊教育学校的生活则会更加封闭，我担心山姆离开那样的安全环境之后不能很好地应对社会。

戴伦和我还有很多事情要做。我们必须在一天内访问四个学校，而这四个学校散落在德文郡的各处。我们的日程安排是这样的：上午9点去巴恩斯特普尔，中午12点去蒂弗顿，下午3点去艾维布里奇，下午5点30分去塔维斯托克。时间很紧张。

尽管时间紧迫，当我们沿着德文郡山坡上的乡间小路飞驰而过的时候，我还是不禁感觉自己像一个在度假的孩子。我兴奋地盯着窗外，给戴伦指着每一个地标，回忆起我在伍拉科姆的海滩度假，在那儿我学会了冲浪的事情。这一切都使我确信德文郡是属于我们的地方。

第一所学校位于农业小镇巴恩斯特普尔郊区的一个村庄。这所学校非常棒，我被它现代化的外观所震撼。这不是你熟悉的典型的小学形象：它看上去很有未来感，像一艘宇宙飞船，周围有很多“分离舱”。孩子在“分离舱”里围坐在一起，听着老师讲故事。

校长带我们去了CAIRB，我们看着小孩们在那里画画涂鸦。“我希望山姆来这里。”我悄悄地和戴伦说。我想象着山姆加入这些学生，和他们交朋友，并且得到照顾，想象着这样美好的情景，我的心怦怦直跳。

但是校长解释说，虽然他希望山姆来，也理解我们急迫的心情，但是我们必须得排队。整个学校只有七个CAIRB名额，而它们目前都已经被排满了。等候名单上也有十几个自闭症儿童排在山姆前面。我非常失落。

校长接着告诉了我们长长的候补名单背后的一些统计数据：每一百名儿童中就有一名被诊断为自闭症，男孩比女孩得自闭症的概率高五倍。更令我担忧的是，他还说，所有有CAIRB的学校都面临同样的挑战——他们只有帮助七个小孩的经费。

“可惜的是没有快速通道，你只能在等候名单的末尾等待。”他皱着眉说。

我也皱起了眉，感觉有些不舒服。我知道，早期干预对于我儿子过上正常生活是至关重要的，所以我不能浪费时间等到我儿子的名字到达这个长长的名单的顶部。我非常失望，这所好学校似乎不在我们的考虑范围内了，只能把希望放在我们名单上的其他学校了。

在开车去下一个学校的途中，我和戴伦进行了激烈的讨论。为了拯救山姆，我已经在这条探寻之路上走了这么远，但是每一件事都像一场战斗，让人很难保持乐观。如果我们不能为山姆找到一个合适的学校该怎么办呢？像往常一样，戴伦帮助我更理智地把事情捋顺。

“这就像你去看一栋你喜爱的房子，但是其他人已经买下它了。”他解释着，“你得实际地看待这一类问题，而不是情绪化地对待——接受它已经消失了，继续你的下一个目标。”我很高兴戴伦陪着我，要不我还是一个人在挣扎。现在，他已经是我的伴侣了，不论我要为家人创造什么样的新生活，他都会是其中的一部分。

我们穿过了更多蜿蜒的乡间小路，越过牛圈，走过了风景如画的中世纪教堂。随着乡村景致的飞驰而过，我重新找回了自己积极的态度，并且再次很高兴来到这个我很快把它称作家的英格兰一隅。

“看，有一个卖奶油茶的小咖啡店！”我们一边欢呼着一边驶过了它。

噢！我的天，距离我上一次品味烤饼上的奶油和果酱，已经不知道过去多久了。我的口水流了满嘴。我已经等不及把小时候经常吃的美食推荐给男孩儿们了——那些英国的发明：比如炸鱼薯条，还有烘焙食品。德文郡在我眼前展现得越多，我就越想在这里开始我们的新生活。

名单上的下一个地方是蒂弗顿。这所学校很棒，但是和我们刚才看到的学校很不一样：这是小镇中间的一个维多利亚式建筑，有高高的天花板和巨大宽敞的楼梯。在那里的体验也和我们刚才的经历非常不一样，我们被带到了一个接待区，被邀请坐在微型的塑料板凳上，板凳看上去是小孩教室里的。看到戴伦的腿像烤好的椒盐卷饼一样蜷着，我怎么能保持面无表情呢？我大笑了起来。

突然，门开了，一个戴着潜水管，穿着拖鞋和潜水衣的人冲了进来。

“你好！”他向我们打招呼，他就是校长。

他在我们身边的一个小椅子上坐下。戴伦和我互相看了对方一眼，心想，这到底怎么回事？

原来学校正赶上一个慈善日，所以校长得一整天穿着这件热得要命的潜水服。多有意思的学校啊，真好玩，我想。

他踩着拖鞋把我们带到了CAIRB。这间CAIRB教室安静而严肃，和我们之前见到的完全不一样。令人惊讶但幸运的是，他们没有等候名单。我已经基本决定就选定这所学校了，不过我们还要横跨德文郡去艾维布里奇，赶下一个预约。

庄园小学位于一条让我很怀念的街道——我的外祖母，她和山姆同一天生日，就曾经住在一条叫庄园大道的街上。所以虽然我认为蒂弗顿的学校就是我该选的那个了，但当我和戴伦走进学校的时候我还是感到很亲切。这一次，CAIRB的负责人，琳达·罗素见了我们。她看上去和她在学校网站上的照片一样——五十来岁，有一头齐肩的金黄色头发。

突然，我在西班牙办公室里的记忆在我的脑海中闪现，那时我感到绝望无助，试着调研英国的学校，同时等着我的离婚判决。我回想起了我和琳达曾经的一封电子邮件。我打开心扉倾诉我多么想帮助山姆，以及去她的学校参观。她的回复在我头脑中仿佛出现了天堂般的景象："春天是来德文郡的好时光，篱笆上都是迎春花。"

这个女人在我生命最黑暗的时候给了我一束希望之光。现在她正伸出她的手和我握手，我几乎瞬间被感激之情淹没了。

琳达把我们带到了CAIRB。房间里充满了各种颜色，堆满了各种东西——油漆罐、蜡笔、积木，甚至还有沙坑。这是一个混乱但是快乐的房间，快乐的感觉几乎要从墙上跃出来。房间里没有孩子，他们刚好放学回家了。但是我可以想象得出他们有多喜欢这里。

琳达告诉我，庄园小学有地方接收山姆，但是得由郡委员会决定他是否能得到CAIRB的名额。同时，庄园小学的隔壁还有一个学前班，刚满四岁的威尔可以在那儿上学。一切看起来美好得不真实。

村子里有一个酒吧，名叫"老史密斯"，戴伦和我决定进去补充一些必要的能量，再去赴最后一个在塔维斯托克的预约。因为麦芽酒和苹果酒被上百次地洒在木地板上，混合的苦甜香味已经浸入了地板，我一进屋，香味就扑鼻而来。那是只有乡村酒吧才有的美妙、舒适的气味。一只和我姨姥姥的狗长得很像的拉布拉多犬，走过来坐在我们旁边，把它大大的惹人怜爱的头放在戴伦的膝盖上。

在我们等食物送上来的时候，我去了厕所。厕所墙上铺着蓝白花色的墙纸，和我小时候住在埃塞克斯时妹妹卧室的墙纸一样。我一点也不迷信，但是在我看来这是一个征兆，和其他所有迹象一起指向艾维布里奇：街道的名字，拉布拉多，壁纸，琳达·罗素的邮件……

我决定跟随我的心。

我从厕所出来的时候，戴伦奇怪地看着我。我不知道我的脸看上去是什么表情，但我当时羞涩地笑着对他说："你难道不觉得我们该选庄园小学吗？"

"我们还有塔维斯托克呢。"他提醒我说，瞥了一眼他的手表。

但是我知道我已经不需要再看更多的学校了：我已经知道这就是那个唯一的选择了。当我向戴伦解释后，他竟然完全同意了。

我举起了杯子，和戴伦干杯。终于，山姆就快能获得他需要的帮助了。我感觉肩上卸下了一个重担。现在，我们的未来可以开始了。

7
天堂的一角

到处都是箱子，但是我没有足够的时间把它们装满。

戴伦加班加点地把所有东西打好包，准备寄回英国去。他还有两天就要回韩国去了，一整天他都在打包，而我已经疲惫至极，已经到了没办法再抬放任何东西的地步，只能躺在露台的藤椅上。戴伦却好像不知疲惫，还能在干活间隙找出时间和孩子们玩，朝他们扔纸条，这让威尔很高兴。

虽然打包装箱是一件辛苦的事，但是更大的挑战是要让山姆为搬家做好准备。琳达·罗素帮了很大的忙——她给了我一盒视觉辅助卡片，还有学校和老师的照片，这样我可以为山姆拼出来一个故事。就像玛丽安吉利斯教过我的，如果我可以提前告知山姆将要发生的事情，那么山姆对新安排的焦虑感就会降低。只给他看一次是不够的，得每天都给他看那些照片和卡片。我在沙发上抱着他的时候就会把照片拿出来。我把山姆搂紧，不仅仅是因为我喜欢他靠着我，还因为身体接触有助于让他集中注意力。

“这是你的新学校。这是哈梅里克先生，你的新校长。”我高兴地说。

没有反应。

“这是夏普太太，她会在课堂上帮助你。”

没有反应。

“看看我们的玩具！外面也有玩具。”我读着学校的卡片，指着图上的沙坑和儿童攀爬架。

终于，山姆好像有了一丝笑容。

山姆可以说一些词，但是不能连续说。他已经五岁了，但是他的语言能力只相当于一个两岁的孩子。而在此时，我不知道他是不是忘记了该说什么。任何能够帮他了解搬家的卡片我都拿出来了，比如我们将要租的由谷仓改造的房子，甚至还有我们将要坐的飞机。

我向上帝祈祷，希望他对搬家的适应过程不会像我们卖房子一样艰难。我们西班牙的家只在我们搬家以后才能开始在市场上出售，这样我就没法在德文郡买我喜欢的房子，只能先租房。（我最不想这样做，因为等我们买房了山姆还得再经历一次搬家。）但是我们没有其他的选择，只能先从西班牙的房子搬出来，到德文郡去。因为山姆的学校下一周就要开学了。

我们新租的房子，是一个谷仓改造房，在一个叫作迪普福德的村子里，离庄园小学开车半小时。让我高兴的是，当戴伦从石油钻井平台回来的时候，对于他来说，“回家”就是和我们在一起了。

搬家的日子终于来临了。我拥抱亲吻我的伴侣，和他说再见，他要一个月之后再从钻井平台回来。我告诉他我盼望着一个月后再见他。然后我把“待售”的牌子立在门口，关上门，就这样了。西班牙成了过去，我期待着未来。

今天是我们新生活的第一天。

令我欣喜的是，旅程进行得相当顺利。山姆在飞机上很冷静，我也没有怎么迷路就找到了我们的房子。我们很幸运有一个亲友团：妈妈过来帮忙，戴伦的父母和妹妹也都来了。我们在机场汇合，再一起开车过去。包箱一天之前已经到了，感谢戴伦在箱子上用笔做了标记，让我知道哪些箱子放的是必需品。我们一起把床铺好，把锅碗瓢盆收拾好，做好准备让孩子们下周去上学。

我们甚至还在开学前的最后几天腾出了时间去观光。孩子们和我参观了蒸汽铁路、水獭农场，还有蝴蝶农场。我想让山姆和威尔看到英格兰有多么好，我们在这里会有多开心。

我很高兴地看到山姆对新环境适应得不错。他喜欢蒸汽火车，一回到家就把画画板拿出来描绘他记忆里的场景。自从他用蓝色毛毡笔画过那幅巨大的太阳笑脸之后，他的绘画能力在过去几年内突飞猛进。对他来说，艺术好像成了一种出口：表达自我的出口，因为语言远离了他。现在，我看着山姆画着铁路信号灯，分叉的铁轨——这些细节其他的孩子不一定能画出来。他画得好得惊人，比大多数成年人都画得好得多。

事情似乎越来越顺利了。这时候妈妈已经回西班牙去了。我晚上和她电话聊天时，几乎高兴得哭出来，告诉她所有的辛苦都是值得的。等她搬来英国的时候她自己就可以看到，虽然她还没定下来搬过来的日期。

琳达·罗素给我发了一份她会怎样以不同的方式对山姆进行治疗的各种细节的邮件，这些和山姆之前的经历完全不同。CAIRB会着重训练自闭症儿童感到有困难的方面，例如社会交流、注意力和参与性。琳达的教学目标是发展社会意识，发展行为管理能力和促进行为改善（如帮助山姆调整自己的“拍打”行为），培养自理能力（很多自闭症小孩都不能意识闯进马路中间的危险性），提高交流能力，提升整体和精细的运动能力（山姆的上肢能力和手眼的协调能力都很弱）。照片和录像是琳达教学的重点，对于自闭症的儿童来说，用照片比跟他们说话要好得多。

学校开学的第一天，山姆会拿到一个图片日程表，被告知接下来会做什么。所有的事情都会用图标来表示——书、玩具、洗手间、老师、笔、沙坑、奖励、阅读、安静的时间、车、家。一旦这件事完成，日程表上的图标就会被消除，不需要再操心。

山姆会有一个工作台（一种上方被遮挡的写字台，让小孩感觉更安全、不受打扰），这样他可以自己学习。老师们给他分配重复的或是他能够预测的任务，山姆不需要帮助就能轻易地完成，而不会惊慌失措。他有两个篮子，他会从绿色的篮子里拿出任务卡片，完成后再放进红色的篮子里。所有的事情都像是流水线工程——这正是山姆需要的。

对他人缺乏同情心是自闭症的典型症状，山姆很难读懂别人的情绪，他没法分辨别人是高兴还是伤心。琳达希望能够正面解决这个问题，教山姆读懂情绪，理解手势和面部表情。这会帮助他和他人交流，以及更重要的——帮助他交朋友。

每节课上，视觉辅助图片都会用来帮助孩子们构造句子。

例如，琳达会用鹅妈妈童谣“矮胖子”的照片让山姆扩展成一个故事。一旦训练让山姆取得进步，他需要的视觉线索就会越来越少，只靠一些书面提示就能拼出故事。

琳达还告诉我，那些我认为山姆看上去像“被神仙带走了”的时候，对山姆的健康有着重要的意义。自闭症儿童需要独处的时间，进入他们自己的小天地，以降低他们的焦虑感和减缓大脑的负荷。这样，山姆在跟其他孩子上课的时候会得到一张卡片，当他感到不知所措需要时间“放飞”的时候他就把它展示给助教。然后他就会得到许可，到CAIRB为他们准备的安静的屋子去放松一下。这些都能帮助山姆控制情绪，防止他崩溃——崩溃时山姆的焦虑值会“爆表”，他会变得有攻击性，就像之前在西班牙学校的餐厅里以及更早之前超市工作人员想摸他的头时他所做的那样。

琳达相信，CAIRB的孩子可以通过和自然的交流帮助他们解决感官上的问题。自闭症谱系内的患者很多都有感官问题，他们可能对一种、几种或全部感官过于敏锐或过于迟钝。正是由于这个原因，庄园小学开辟了一片特殊的花园，这些孩子可以接触到瀑布和花草以刺激他们的感官。学校还经常组织他们去动物农场旅行，比如驴舍，为孩子们提供动物治疗。骑驴能帮助孩子加强核心肌肉的力量，这也是自闭症儿童常常缺乏的。琳达的方法自成一体，我很喜欢。

看着山姆开始在庄园小学的生活，我想威尔大概和我一样激动。当我给山姆穿校服时，他在他哥哥身边跳来跳去。校服包括一件白色保罗衫，一件绿色的运动衫——上面有黄色的学校标志，灰色的长裤，黑色的鞋子，还有一个配套的绿色帆布背包。山姆看上去可爱极了。

“我也要一个！”威尔拉扯山姆的包。

“等你再大一点，你也会有校服的。”我安慰他，抚弄他蓬松的金发。

山姆不会自己穿衣服，因为他大肌肉群的运动能力太糟糕了。每次我让他自己尝试，他最后看起来都会像一个迷你超人——把内裤穿在了外裤外面！他的大脑不能正确地给事情排序。

我开车送威尔去学前班。我给了他一个大大的拥抱，吻了他。他转了一圈，自信地迈着步子去见他的新同学了。我知道威尔会适应得很好，他是活泼的淘气鬼。

对于山姆我则要紧张得多。我领着他走到学校门口的台阶，我的心都要跳出来了。他在西班牙上学时给我留下的阴影很难消除。尽管CAIRB的设施很好，我还是担心山姆能不能过得好，把他放在主流学校会不会是一个错误，如果他被欺负了怎么办呢？

但是当我看到琳达的笑脸时，我的担忧就都消失了。她在门口耐心地等待着山姆。她身上有一种难以形容的从容：她说话声音轻柔，几乎能把人催眠。她拉着山姆的小手，带着他消失在拱形门道。我看着山姆的背包上下晃动，眼泪在我眼睛里打转。我曾经以为这样的一天——我挥手和他作别，把他交给一个真正能包容他的学校——永远不会到来。

我很高兴地在家里做收拾整理的工作，这样就不会有时间去想孩子们会怎样应付他们上学的第一天了。到下午的时候，我已经跳着脚、渴望开车到学校把他们接回来。

威尔的第一天过得很好。他喜气洋洋地出来了，手里抓着一张上面画着歪歪扭扭的蓝绿色线条的A4纸。

“谢谢你，威尔，很漂亮。”当他把画自豪地展示给我的时候，我说。我蹲在他旁边，亲吻了一下他红润的脸颊，然后环起手臂把他抱起来。我们一起走下楼梯，去学校里面接山姆。我的眼睛来回扫视，从夺门而出的孩子里面找山姆。但是，最后是威尔先发现了他。

“山姆！”他尖声叫着，在我的怀里扭动。

山姆牵着琳达的手出现了。这对她来说是一个很小的举动，但是对我来说，知道他能被这样一双安全的手牵着意义重大。随着时间的推移，我了解到，这是学校对入学第一年的孩子都会做的事情，助教早上会在学校门口等孩子，放学的时候再把他们带出来。这样安排是为了能让他良好的感觉得以延续，降低他的焦虑。显而易见，这项措施从一开始就很有效。

“山姆，今天过得好吗？”我热情地问道。我对自闭症的研究使我了解到，要不断向山姆强调他的名字，这样他才知道有人正在和他说话。

“是的。”他点头。他和我交流了。

我的心怦怦直跳——我在西班牙的学校接山姆的时候他几乎从来没有和我说过一个字。

琳达简略地向我汇报了山姆这一天的生活。她说，山姆早上会先参与主流课程。她站在教室的后面观察他的行为。观察了半个小时后，她觉得主流班级他还不能接受，就赶忙带他去了CAIRB

教室。

琳达的目标是让山姆最终能够完全融入主流课程，但是她无法告诉我这个目标还需要多久才能实现，甚至能否实现。

但是，她注意到，山姆非常享受CAIRB的感官室。感官室里的墙壁和地板上都有灯光，塑料塔里面有泡泡。这里的目的是以温和的方式刺激感官，让孩子们不会超负荷。山姆喜爱意大利面条状的灯——放在三米长的塑料管里的LED灯，它们会变成不同的颜色，还会有明暗变化。琳达说他会在旁边躺上一段时间，很明显这样能让他感到平静。

当两个儿子聚在我身边，我们一起朝着家开去的时候，我感觉所有事情进入了轨道。山姆安排好了，威尔也安顿好了。几天之后，琳达甚至为我想了一个融入德文郡生活的办法。

“你在这里有朋友吗？”她在我送山姆来的一天早上问我。

“我不太认识其他人。”我羞涩地承认。“那正好！”她说。

这次我被琳达带着穿过像兔子洞一样的门廊，进入一间教室。这是山姆每天早上被带进CAIRB前登记的地方，我不知道琳达在计划着什么。

“这是山姆的妈妈，乔。”琳达把我介绍给一个老师，兰登太太。然后她说：“乔能帮助你吗？”她问兰登太太。

“额——”我结巴了。我被吓了一跳。“我？在这里帮忙？”我在阳光明媚的教室里环顾四周。

琳达接着告诉我，她认为我很适合刚空出来的一个助教职位。学校正在找一位母亲在课上帮忙，同时鉴于我的语言技能，我还可以在主课上教孩子们一些西班牙语。琳达认为这种非正式的工作会对我交朋友有帮助，当然同时我也可以随时查看山姆是否一切都好。

虽然我很想去，但是我也担心我在教室里会影响山姆的进步。琳达向我保证，这样实际上会帮助山姆放松，另外我只有开始的时候会看到他，山姆之后就会进到CAIRB，而我会在主课教室里帮忙。

我认真琢磨着，在度过了西班牙的黑暗日子之后，我怎么能放弃这样一个能照看山姆的机会呢？

“什么时候开始？”我高兴地问她。我很快把所有的资料都填完了，不久山姆和我就将会有新的日程安排，我们都会在学校里度过一整天。

我每天能在教室里看见山姆，不仅让他安心下来，也缓解了我长久以来对他未来生活的焦虑。我最大的一个担忧是，山姆能否过上正常的生活？他会有朋友吗？他能照顾好自己吗？上帝保佑，如果我出了什么事呢？

看见山姆在一个正常的儿童班级里开心的样子，我告诉自己他能。他并不一定能和他们互动，但是他没有焦虑也没有攻击别人。这真让我感到解脱，让我有了希望。我希望他有一天能有圆满幸福的人生，一个和他人互为陪伴的人生。

兰登太太给孩子们登记的时候我总站在后面。因为姓氏是贝利，山姆总是第二个被叫到名字。

他盘腿坐在地上，双臂整齐地放在腿上。

“在。”他每天早上都肯定地回答老师。

而我每天早上都感到一阵自豪。这是我的男孩。

我在学校的工作虽是一件大好事——因为能让我留意山姆，但同时也有缺点。我的教室在一楼，课间休息的时候，我能很清楚地看见整个操场。一天早上，我正在清理玩具为下一节课做准备，我瞥见山姆独自一人站在操场远处倒下的橡树旁边。孩子们经常用它做攀爬架，但是那一天我儿子是在那儿的唯一的孩子。

当时，课间休息的时候老师们会为自闭症儿童穿上发光的背心，虽然现在已经不这么做了。他们中的一些是“奔跑者”——一个非官方的术语，用来形容那些会突然跑起来的孩子。这样做很危险，但是他们并不能意识到危险。这件鲜艳的背心可以让我在一英里外找到山姆，但是实际上我并不需要。他只身一人站在一英里之外。他在倒下的树干上跑来跑去，拍打着他的手臂。他不时会停下来，把手放在眼前研究他的手指，然后他就又恍神了，眼睛盯着树干。没有任何其他小孩让他有兴趣，没有任何其他小孩和他一起玩。

我无法形容我有多么不安，看着窗外所有的小孩都在高兴地玩耍、踢球、追逐打闹，只有一个小男孩，你的男孩，自己一个人，跑来跑去，上下拍打手臂。

我感觉有东西卡在了喉咙里。

我唯一的安慰是，我知道山姆自己一个人不会不开心。阿斯伯格综合征小孩并不希望孤立和被排斥——他们大多希望交朋友，只是不知道怎么做而已。但是山姆不是那样的，他是典型的自闭症儿童。

尽管如此，我仍然感到心碎，难过到最终想放弃这份工作。我发现，只是看着而不能去帮他实在是太难了。

在这个时候，戴伦已经搬到了埃及海岸边的一个钻井。他仍然和我只隔了一个电话，不论他在哪里工作。他受雇于一家总部在苏格兰的公司，所以我需要的就是打电话到阿伯丁，然后我的电话会转到他的办公室。我告诉他今天又看到山姆一个人在操场时，我感到很悲伤。他能从我的声音听出我有多难过。

“为什么不放弃这个工作呢？”有一天他就事论事地说道。我们都认为，对我来说可能最好还是放弃山姆学校的这个志愿者的工作。戴伦知道我想找一份有薪水的工作，但是他可以感觉到我的担忧，如果我全职工作的话就不能随时照顾山姆了。他让我不要去想工作的事。

“那么，我怎么付账单呢？”我争辩道。

“我来付！”

我惊呆了。这是一个男人为我做的最慷慨的事。我曾经习惯于帮助他人，而不是接受他人的帮助。除了在产假期间，我从来没有一天不工作，我也总是自己付账单。虽然我一直相信，女人应该坚强和独立，但他的慷慨让我说不出话。

“我不知道该说什么。”我最终结结巴巴地说。

“说行！”他催促着。

“我不知道……”我迟疑着。

“你可以把所有的精力都放在帮助山姆上。”他劝说我。

我停下来思考。他提出了一个很好的理由说服我。即使在一个知道山姆需求的学校里，而且山姆现在已经稳定多了，但是他还是缺乏最基本的生活技能。趁他现在还小的时候，把我的时间用来帮助他，让他有可能成为社会的一部分，而不是被边缘化。

我希望他能做到，这比什么都重要。

我可以听到戴伦在电话里的呼吸声，他在耐心地等着我回复。

“谢谢你。”我简短地说，接受了他极其慷慨的礼物。

我当时还不知道，戴伦和我做了一个至关重要的决定。因为山姆很快就要比任何时候都更需要我了。

8
无路可逃

我不确定，这是搬到英格兰之后的延迟反应，还是山姆断断续续来去西班牙见他父亲打乱了他的日常规律，在我们来到英国不太久之后，我的儿子的情况就不稳定了——极度的不稳定。

首先，山姆开始出现了一些强迫症状：这些行为我之前从来没见他有过，但是因为我之前在网上查阅过资料，我很熟悉这些行为。

他开始对食物变得非常挑剔。山姆拒绝吃任何白色的，甚至只带一点白色的食物。炸鱼薯条和豆子是他之前最喜欢的食物，但是现在他坐在桌子前，直直瞪着裹着面包屑的鱼条，就像它会从盘子里跳起来攻击他一样。

“来吧，山姆，把你的晚饭吃完。”我鼓励着。山姆看了看我的方向，又瞪着炸鱼，然后像做外科手术一样极度专注地剔除鱼上的所有面包屑。他把那个剥光的鱼条放在了一边，大口嚼着面包屑。

就在我为他的“白色恐惧”想办法的时候，山姆又有了新的一套饮食规则。如果盘子上出现几种颜色，他就拒绝吃任何东西。除此之外，他喜欢食物一样样整齐地分开，他会分别吃不同的东西，识别它们的味道。这样吃晚餐对他来说就是安全和可以预测的。但是如果食物混在一起，就变成了不一样的东西了，混乱无序让他无法应付。

然而了解他行为背后的原因并不能帮助我解决问题。我还需要知道哪些颜色可以放在盘子上，哪些则要避免。我得不断地绞尽脑汁想办法绕开这些新问题。

另一个困难就是，山姆无法忍受任何人剪他的头发或脚指甲。

“疼！”他会尖叫着甩手臂，在我想给他剪脚指甲时把我推开。我让他冷静下来，找一个好的位置，试着把指甲剪轻轻地靠近，但是他又会踢开，他极其愤怒。他会尖叫，用手攻击，踢我的小腿……基本上，他会以这种爆发式的愤怒表示反抗。

我不知道他的哪些行为是自闭症行为，哪些是正常的行为——他这么做是因为他是自闭症儿童，还是他只是像一般的儿童那样撒气？

他在学校表现很好，到了家才出现问题。山姆把焦虑和沮丧都储存起来——可能白天没有像他喜欢的那样度过，或者可能是太吵了，也可能是因为未预料到的日程变化——然后在他一踏进家门的时候都发泄了出来。

如果我放弃和他的自闭症搏斗，生活会好过很多，但是我知道我要坚强，我得继续推着山姆做他必须做的事情。我们并没有选择，否则他的行为就会控制我们的生活。

又一天晚上，筋疲力尽地哄山姆吃饭和睡觉之后，我对戴伦说："我们在房子里建一个感官室怎么样？"但是这几乎不可能，因为我们住在一个租来的房子里。然而戴伦想出来了一个聪明的办法。他建议我给山姆弄一个装满豆子的大袋子，作为"休息垫"。这可以成为一个替代性的感官室，一个松软舒适的地方，山姆可以在这里发泄他的焦虑和沮丧。

琳达很赞成这个想法，她很快弄成了一本故事书，向山姆解释这个垫子是什么，什么时候可以用它："这是我的休息垫。我生气的时候坐在我的休息垫上。"

这个方法很有用。因为琳达教会了山姆自我控制——例如当他需要休息的时候就给助教出示卡片——山姆可以在家应用相同的规则。所以他很快就掌握了去垫子那儿休息的一套规则。

但是，就在我刚能喘口气时，另外一个问题出现了。

山姆对飞机的喜爱演变成了一种强迫行为。他花了一个又一个小时在阳光下画飞机模型。一开始我们被这些画震惊了。他才五岁，但是已经可以画3D效果的画了——他画的飞机看上去就快飞离纸面，非常震撼。但是很快飞机就是他唯一关心的东西了。他仅会的那一点语言也干涸了，他停止了所有的沟通。他这样做并不是因为他失去了所能说的那一点语言，而是因为他着迷于画飞机而不愿意说话。

山姆会坐在桌边或在地毯上趴好几个小时，全神贯注地画他的作品。当山姆不画画的时候，他就盯着天空看飞机飞行的轨迹。他敏锐的视觉能够帮他找到飞机，而我根本看不见。

有一天，我正在和戴伦打电话，突然听到山姆发出一声怒吼，然后传来巨大的噪音。

“我得一会儿再打给你。”我匆匆地挂了电话。

我冲进厨房，发现山姆在用铅笔戳他的画。

“山姆，停下来。”我恳求道。

他根本不听。他戳着他的画，把它划成几十个碎纸片。我试图把他的手固定住，但是他挣脱了。山姆不顾一切地要把画上的每一笔都清除掉。我知道哪里出问题了：他在画画的时候出了点错。出错，哪怕是一丁点错，在山姆的脑中都是天大的错，会让地球从轨道上脱离。他犯的任何错误都会让他变得很愤怒和沮丧，导致全面的崩溃。

我无助地看着他发怒，摧毁自己的作品。在崩溃发生前控制是一回事，而在中途阻止又是另一回事——这基本上是不可能的。我除经受住风暴外不知道还能做什么。

一个多小时之后，山姆终于安静下来。我坐在桌子旁边抚摸他的头发。山姆漂亮的脸看起来像天使一般平静，仿佛什么也没有发生过。而我却受到了打击，筋疲力尽。

山姆的崩溃持续着，他只要犯一个错误就会爆发。他花好几个小时画他的飞机，然后每天他画完后都坐在一片碎纸堆里面。

我应该预料到接下来会发生什么的。

山姆的愤怒达到了足以沸腾的点。一天，他把发泄对象从他的画转向了他的弟弟。

我当时在做晚饭。威尔坐在山姆旁边，挨着餐桌，看山姆画画。男孩儿们几年前就已经不会像兄弟那样一起玩耍了，但是威尔在几年来一直没有停止尝试。他总是想和山姆玩个游戏，看着山姆，想和他能再次交流，但是山姆的自闭症让他更愿意自己待着。威尔拿起来一支蜡笔，面带微笑，希望加入山姆。我背对他们，把锅从火炉上拿下来。

“妈妈！”威尔尖叫着求助。

我赶紧转过身，看见山姆正用手撕着威尔的脸，就像对待他的一幅画一样。

“山姆，住手！”我制止他，双臂交叉锁住他的身体。

威尔痛苦地哀号着。血从他的脸颊流下来，山姆用他的指甲划开了他弟弟柔嫩的皮肤。我需要帮助威尔，但是我不得不先让山姆冷静下来，要不他还会再攻击威尔。山姆挣扎着，就像被网住的鱼。我把手臂箍得更紧，锁住他。同时威尔因为疼痛和被他哥哥攻击的恐惧，一下哭了出来。

“妈妈在这里。”确定山姆冷静下来后，我赶紧跑到威尔那边去。

他抽泣着。可怜的威尔不明白为什么——他才四岁。

当我给威尔处理伤口的时候，山姆恢复了平静，又接着画画去了。山姆显然需要画画——那是他的出口——而当威尔试图打扰他的时候，他的沮丧就爆发了，转而攻击威尔。尽管这样，我很努力地试着教山姆什么是对、什么是错，训练他遵守规矩。我把他那本画着休息垫的故事书拿出来，再次提醒他感到愤怒的时候该到那里去。

尽管我很努力，但事情还是朝着失控的方向发展。我之前计划的我们在德文郡的完美新生活似乎正在一点点崩塌。

我感到精疲力竭。幸运的是，我的妹妹和妈妈那个周末要来家里，我已经等不及了。莎拉会带着汤姆和丹过来，我祈祷他们来这儿能对山姆有所帮助，不管山姆是出了什么问题，我把希望寄托在我们一家人团聚的时刻。戴伦还被困在钻井上，但是不久后他也会飞回来。

距离我上次见到我的家人已经过了三个月了。终于到了我去机场接他们的时候了。莎拉一见到我就丢开了行李车，向我跑过来，张开双臂，像伸出翅膀一样。我离开西班牙的遗憾全部都消失了。事实上，她有一个好消息：她在考虑跟随我搬回英格兰。她刚和一个男人在一起——我大学时候最好的朋友西蒙，他们正处于疯狂的热恋中，现在正在为未来做计划。

我拥抱了我的妹妹和我的妈妈，她们给了我熟悉的温暖和安全感。“我很想念你们。”我说，每一个字都情真意切。我可以理解山姆每次从学校回到家时的感受，因为看到我的家人也让我想释放过去几个月以来所有的伤心和焦虑。但是我咬住了我的嘴唇，因为我最不希望的就是让这个周末从情绪发泄开始。

汤姆和丹因为和他们的表兄弟见面而欣喜若狂。他们在行李车旁边追着威尔跑，时不时撞到我们的腿。山姆也微笑着。也许他需要的只是和家庭重聚……

从埃克塞特机场回来的路上，我们一直在做计划。我的妈妈和妹妹讨论着家庭郊游的点子，各种建议一个接着一个。我抛出了一个在学校门口从妈妈们那儿听来的消息。

“我们住的附近有一个迷你小猪农场。”我兴奋地说。

在德文郡的每个人都听说过彭尼维尔养猪场，但是它的名气显然还没有越过海峡。

“迷你小猪？”我的妹妹惊叹着，好像我说了一个外语词汇。

我向他们解释，迷你小猪是可以作为宠物的小型猪，也被叫作“茶杯猪”。

“它们正流行呢，你们都不知道！乔纳森·罗斯和夏洛特·切奇都从农场买了小猪回家。”我笑着说。

但是车里的快乐氛围是短暂的。在进门几分钟后，山姆开始在客厅跑来跑去，用拳头打自己。他的发作也许是因为大家都拥进屋里打扰了他。现在他不只是打他的弟弟了，他还打他自己。

“我的飞机在哪里？”他哭着喊道。啪，啪，啪。

每一拳落在他身上的声音都割在我的心上。我堵住他的路，尽全力阻止他。山姆猛地朝我的胃以每小时一百英里的速度猛冲过来，我抓住了他的胳膊阻止他再继续。

我的妈妈和妹妹都震惊得沉默了。他们都在西班牙和我一起经历了山姆的退化，但是他们都从没见到过现在这样的情况。

我设法让山姆冷静了一点，让他去拿他的飞机模型和毛毡笔。但是汤姆和丹一接近他，他马上又爆发了。

“离我远点！”他朝着他的表兄弟们大吼，声音嘶哑，充满愤怒。他的世界已经完全颠倒了——我能看到他的表兄弟们也有同样的感受。可怜的男孩儿们不知道这是怎么回事。

“你们三个一起去看看电视怎么样？”我向汤姆、丹和威尔建议道，试图控制局面。

而山姆这边，他已经在餐桌上开始疯狂地画画了。他的一只手抓着他的模型飞机，另一只手画着素描，试着摆脱悲伤。我安静地溜到他的座位旁边，希望我的存在能让他冷静一点。但是我的希望破灭了。我看着他狂乱地涂画，不久他的笔打滑了，颜色涂到了线条之外。他犯了一个错误……

“不！”他狂叫着。

他把画和笔用力扔到地上，开始用手弹自己的眼睛。

“山姆，拜托。”我的声音颤抖了。

但是他没有冷静下来。仅仅两分钟后，他开始尖叫和大哭，因为他找不到他的灰色毛毡笔了。

“别担心，山姆，我们会为你找到灰色的笔。”我保证道。

我匆匆翻过抽屉，急切地盼望着找到另外一包笔。

“乔，你还好吗？”妈妈轻轻地走到了我身后。

“我不能跟你说话，妈妈，我得把这些拿去给山姆。”我粗鲁地说着，匆匆从她身边过去。

我把笔递给山姆，他冷静了片刻。他开始临摹一个飞机形状的贴纸，直到他发现贴纸上有一个洞——这意味着它有瑕疵：而不完美总是能触发他的失控。他用拳头打自己的头，每一拳都蓄着力量和愤怒。我束缚住他的胳膊，试图把他的手臂贴在身上阻止他伤害自己。我抓着他的手腕强迫他在椅子上坐下。

妈妈在房子周围踱步，双手穿过她的短发。“哦，我的天啊，我的天啊。”她咕哝着。看着山姆崩溃的样子，她被吓得目瞪口呆。

同时我的妹妹，正在努力地让三个孩子远离山姆的暴力崩溃。我在努力让自己镇静。

我想是不是能用食物分散山姆的注意力。

“想来点香肠和豆角伴茶吃吗？”我用欢快的声音问他。山姆的头从他的画上抬起来，眼神狂野，就好像着了魔一样。

“离我远一点！”他叫着，小身体颤抖着。

他捏紧了拳头，做好了准备。

啪！他打在了自己脸上。

“山姆，不要！”我喃喃道。我抓着他的手放下来，他的身体左右摇晃。

我又试着用食物分散他的注意力，尝试任何能想到的可以让他冷静下来的办法。

“山姆，想来一个谷物棒吗？”

“是的。”他点了点头。我松了口气。

我冲去厨房的橱柜，却惊恐地发现，谷物棒已经吃完了。于是我心跳加速，头开始眩晕。突然间我感觉墙壁似乎要塌下来了。绝望中，我拼命地控制自己，不让恐惧发作，深深吸气，噘着嘴缓缓地吐气。现在已经没有时间可以浪费了。我知道不能耽误太久：山姆正在等待。

“山姆，你想来一个脆米棒吗？”我拿出来另外一种零食，向上帝祈祷他能接受，同时接着调整我的呼吸。

“不，谷物棒。”山姆坚持说，然后他哭了出来。妈妈试着帮忙。

“来吧，山姆，来一个脆米棒吧。”她安慰着他，试图说服他。她并不知道在山姆开始崩溃之后就没法阻止了。

山姆的哭声变成了厚重的呜咽。

我把他搂在怀里，轻轻地前后摇晃着他，唱着摇篮曲，抚摸他的头。过了一个多小时后，我终于把疲惫的山姆哄上床睡觉了。我在他身边蜷成一团，我的每一分精力都已经被榨干了。

“明天，我们会去彭尼维尔农场。”我轻声说。

我已经快说不出话了，我的舌头因为疲倦感觉格外沉重。我在那儿躺了很久，甚至在山姆睡着了之后还躺着。

然后我看见墙上透出一束光，妈妈把门推开了一半。

“乔，你还好吗？”她试探地问着。“是的。”我撒了谎。

我一点也不好。我不知道垮掉是什么感觉，但是我觉得自己已经距此不远了。作为母亲，我只希望我的孩子们安全，但是山姆的行为已经越来越危险——对他自己，对威尔和对我来说都是。我为这次家庭活动提前给山姆准备了视觉卡片，但是那还不够。有什么能够阻止他崩溃呢?

我的妈妈在门口徘徊。她很了解我，知道我没有说实话。她知道我并不好。

我的胸腔紧缩着，感觉就像有人坐在上面压着我，我几乎无法呼吸。我不确定如果不是我妈妈的话，我能不能把自己从越来越严重的惊恐中拉出来。她总是在我身边支持着我，一直都是。

就像我把山姆放在床上那样，我妈妈把我领到我的床边。然后她在我旁边的床上躺下，尽量安慰我，给我支持。

“我该怎么办呢？”我问她。

我感觉好像我们回到了在西班牙的那个时候，我来到崩溃的边缘，爬进书房给妈妈打电话求助。我现在就像那时一样绝望和无助。好像不管我再怎么努力地尝试，每条路都走向了死路。

我已经费尽心力找出了山姆的问题，为了挽救我的婚姻竭尽了全力，然后又在法庭上为赢得我的孩子急需的照顾而不懈战斗。我竭力争取让山姆进了最好的儿童自闭症学校之一。我为了开始一段新生活把之前十七年经历的所有事情都抛在了脑后，但是这些都成了徒劳。我们的“新开始”只是另一个破灭的来临。

而当你失去希望的时候，还剩下什么？

9
一线希望

我的家庭给了我答案：爱。我很幸运有家人和戴伦，在最暗淡的时刻，他们总能拉我一把。妈妈告诉我再坚持一下，当她第二天早上朝我打招呼的时候，她仍然在为我打气。

“我们今天要去彭尼维尔农场看小猪，也许这会让山姆振作起来！”她高兴地说，握着我的手鼓励我。

我听说过一些关于茶杯猪的精彩故事，和他们具有的治愈能力。我有点怀疑，不知道一只微型的小猪是否真的可以让一个人的生活有所不同。但是我听过这样一个令人难忘的故事。

我在庄园小学工作的时候遇到过一位母亲，她告诉我有一个残疾男孩去了彭尼维尔农场，几天前一头母猪刚生了八只小猪。这位十几岁的男孩显然情况很糟糕：他的脑瘫如此严重，双腿不得不被绑在轮椅上，以防止他滑落下来，还同时需要戴着氧气面罩进行呼吸。

这个男孩如此渴望地盯着这些两天大的小猪仔，看它们吮吸母亲的奶汁。农场的农民问他，想不想抱一只小猪在怀里。他的父母担心他们儿子的手没有力气抱起小猪。但是农民对这个少年很有信心，并且告诉他们，如果有任何问题出现，他也会帮忙。

结果是，这只小猪整个被一双坚定有力的手抱了起来。小猪刚被放在男孩的腿上，就立刻钻进了他的臂弯。当少年轻拍着它入睡时，它小小的眼睛慢慢闭起来。后来，农民不得不离开去处理他的差事，但是当他一个小时之后再回来，男孩还在抚摸小猪。孩子的父母说，从来没有见过他们的儿子那么快乐和平静。

这个故事让我一直惦记着，因为我内心有一个声音也在问，小猪是不是对山姆也有类似的镇静作用呢?

我太希望有什么办法能控制山姆的情况，所以记忆里的这个故事不停滚雪球似的在脑海里翻腾。在我们准备好出发的时候，我已经把我所有的希望都寄托在茶杯猪身上了。

我知道这听上去很荒谬，但是我需要希望。

为了让孩子们有出游的好心情，我的妹妹莎拉正在学着猪的呼噜声为孩子们唱童谣："这只小猪……"

"这只小猪将会帮助山姆……"我在我脑海里唱着。

我告诉母亲和莎拉，将和她们在托特尼斯的超市停车场见面，因为我需要在去农场之前先去一下银行。我把孩子们放在车里，系好安全带，然后出发。威尔对于要看到小猪这件事显得很激动，拍着手在车座上扭来扭去。男孩儿们去过动物园和水獭农场，但是还没见过猪，更别说微型小猪了。我也很好奇，想象着这个小到可以放在我手掌里的可爱的小东西会是什么样。当我们穿过蜿蜒的乡间小路的时候，山姆一直盯着窗外，迷失在他自己的世界里——他至少是冷静的。

那是2008年11月末一个晴朗的日子，路旁树上最后的秋叶也都已掉落，混入棕色的泥土中，篱笆由于失去了叶子的覆盖而布满了洞。我们开车路过一个果园，只有零星几个苹果还坚挺地挂在光秃秃的树枝上。

德文郡和西班牙非常不一样，我还不能完全接受。马拉加省去往海边小镇的路上全部是闪着霓虹灯的路牌，但是当我们开到托特尼斯附近时，路边只凌乱地立着几个指示方向的黑白色路牌，上面写着“小镇中心”和“莫里森超市”。

我在莫里森的入口旁找到了停车位，把车熄了火，转头看两个孩子。我立刻注意到山姆已经由安静变得极度焦躁。他把他的手放在脸前摆动。威尔看上去非常担心，他最近经常成为山姆发泄情绪的靶子。威尔的目光在山姆和我之间逡巡，仿佛在恳求山姆保持冷静。我试图控制情况，恐惧席卷了我的胸口。

“山姆，妈妈需要去一趟银行，然后我们就去看小猪。”我解释说。

山姆爆炸了。

“山姆不去彭尼维尔农场！”他大叫着。

威尔害怕地用双手捂住耳朵。

这样不行——山姆需要见到小猪，我慌张地想，但是我没有让我的惊慌表现出来。

“我以为你想去看小猪呢。”我简洁轻快地说，希望掩饰我声音里的恐慌。

“山姆不去彭尼维尔农场！”他又大吼道。

我特别担心，因为这是我第一次听见他用第三人称指代他自己。我告诉自己要保持冷静。但是当我们下了车，沿着街道走去银行时，山姆的吼叫声还一直持续着。他紧紧抓住每一个我们经过的灯柱，重复着说他不想去。

路人已经盯着我们低声耳语了。我相信他们一定都在想，真是个被惯坏了的小鬼，他需要被管教。我感到极大的愤怒和尴尬。我对街上的这些陌生人感到愤怒，他们让我觉得我需要解释我儿子出了什么问题。

“他有自闭症。”我对一位拉着她儿子离开山姆的女人轻声说。她看着地面，显然不愿意和我有眼神接触。

这让我想起在西班牙，有一次我和两个女士解释为什么山姆要眯起一只眼睛让另一只眼睛的视线和人行道边沿对齐。

“哦，真可爱，他也喜欢唱歌跳舞吗？”她们感叹道，以为我说的是“artista”，西班牙语里意思是“演员”，而不是“autista”，意思是“自闭症”。不过我已经没有时间再想这些了，因为山姆又开始发作了。

“我受够你了，妈妈！”他怒吼着。

我知道在山姆失去自我控制的时候要做两件事——第一是我需要让他待在安全的环境；第二是我不应该显露出任何情绪。所以即便他说出这样严重的话我也应该无视。“不要对他的发作做出回应。不要和他眼神对视。只有在他冷静下来的时候你再去解决问题，看是什么触发了他这样的行为。”琳达曾经这样告诉我。山姆的老师近来给了他很大的帮助，山姆行为的恶化和她并没有关系，她做得很好，这些只是山姆的病情造成的。

“我受够你了，女士！”山姆又粗鲁地喊道。

我不理他，祈祷着这次爆发尽快结束，我就可以带山姆去看小猪了。然后所有事情都会好起来，我紧抓着新生的希望，向自己保证。

接着我感觉一只小手偷偷伸进了我手里，威尔才四岁，但是他已经开始显露出更成熟的情感能力。他在试图挽回他哥哥因为缺乏共情，甚至不能共情的遗憾。

“我爱你，妈妈。”他体贴地说，用力拉着我的手，就好像他能感觉到我要崩溃了。

我们总算走到了银行。但是我们一进去，山姆就倒在了地上。他扑倒在地，拳头砸在地板上。

“山姆，起来。”我哀求着。

这样的时刻极度难熬。我想，如果我一直找托辞，说山姆的行为是因为自闭症，那他会慢慢觉得自闭症是不好的东西。他才只有五岁，他还太小，不能理解自闭症是什么。但是当他长大，有了更多自我意识的时候，他将不得不忍受自己的症状。我不想让他的情况比现实更艰难。

所以当处在这样被逼迫的情况下时，采取什么样的教育方式将会是一个考验。我设法把山姆从地板上拉了起来，然后他立刻泪流满面。

“我想要回家。”他抽泣着。

我不得不承认，我的计划失败了。我中止了我们的银行之行，调头回停车场去见母亲、莎拉还有侄儿们。她们立刻发现了问题。除我们走了很久之外，恐怕我满脸都印着“压力”两个字，而山姆的眼睛又紫又肿。妈妈看上去很忧虑。她紧紧抓着车门，准备接收坏消息。

汤姆和丹却不太在意，看到山姆和威尔，他们立刻冲出去迎接他们的表兄弟。他们和我的孩子们已经三个月没见面了，每一分钟都想黏在一起。但是山姆躲避着这样的重聚。

我最后一次试着拯救我们的小猪之旅。

“山姆，”我重重地念他的名字，试图和他联接上，“汤姆和丹希望和你一起去彭尼维尔。”

山姆却一点也没有理会。他开始尖叫和大吼着：“山姆不去！”孩子们都侧身避开他，好像他是一颗马上就要引爆的炸弹。

我告诉妈妈和莎拉带着威尔走，别管我们。但是妈妈抗议道：“乔，亲爱的，我们不会丢下你自己去。”

妈妈非常勇敢地努力着，但是我知道这是徒劳的。

“走吧！”我挥手示意他们离开。

我知道，当山姆爆发的时候，对他来说最好的地方就是家，因为那里让他感觉安全——他可以走进自己的屋子里，在他的休息垫上放松，那里还有他的飞机模型和画画的东西。

我的家人不情愿地坐回他们的车里。当他们转弯的时候，我看到妈妈绝望地摇着头。车开走时，威尔悲伤地看着后车窗外的我和山姆。

这是一个糟糕的时刻，我朝我的家人挥手道别。我知道他们会在农场玩得开心——并且我知道山姆也会很喜爱那里，如果我能把他带过去的话。

我责备自己没能做到。

山姆整个早上都在画画。看着他独自坐在餐桌旁边，我的心都碎了。我不得不总去客厅，以免在他面前流泪。

偶尔，他会朝我的方向看一眼。他的眼神恍惚呆滞、毫无生气。自从他三年半前开始退化以来，我第一次看到他这样的眼神。真是可怕。客厅的钟大声地“滴答”响着，我才意识到山姆在家里孤零零地过了很久了。

突然，前门开了，汤姆、丹还有威尔冲进了餐厅。他们很激动，开心地笑着，带回来许多关于小猪的精彩故事。他们三个在农场都去抱了小猪崽。他们大声地描绘着：小猪们有多小；小猪们有黑色、白色、粉色和黄色的；当他们站在围栏边的时候，小猪们都跑过来了；小猪们想咬威尔的鞋带，就像小狗一样。

莎拉和妈妈显然也被小猪的魔力感染了，她们都非常开心。妈妈滔滔不绝地说出一连串关于小猪的知识。微型猪可以像狗一样被驯化。猪是除了海豚和猩猩以外第三聪明的动物，所以你能教它做一些好玩的把戏，她津津乐道。和我们认为的不一样，猪很干净。它们有很灵敏的嗅觉。它们能感知情绪，知道爱、恨和宽恕的区别……

母亲还在继续说着，我回头看看山姆，他仍然一个人在餐桌旁边。他的弟弟和表兄弟们都笑着，互相追着在屋子里跑来跑去。我被巨大的悲伤压倒，感觉胸口被堵住了——不仅仅因为山姆独自一人，而且因为他一点也不在意他的孤立。但是我在意，我非常在意。我希望他有朋友，哪怕只有一个属于他自己的朋友。

我希望袖珍猪能帮助他最终找到这样一份友谊，但是我很清楚只要山姆头脑里形成了一个想法——比如他不想去看小猪——要打破这样的信念就必须付出持久且艰苦的努力。我不得不承认，也许他永远也不会去见那些治愈小猪了。

大家都上床之后，我立马给戴伦打了电话。在经历这样失望而心碎的一天之后，我需要听到他的声音。

“山姆可能永远也不能像他弟弟那样过上正常生活了。”我灰心地说，“我还能做什么呢？”

我坐在门厅冰冷的瓷砖上，背靠着墙壁。虽然地板是冰凉的，但是我握着电话听筒的手却因为一波波涌动的情绪而滚烫湿黏。

戴伦和我聊了一个半小时，他的安慰让我平静下来。我倒数着我们即将再次团聚的日子。戴伦愉快地告诉我，明天又是新的一天，我不应该放弃希望。他向我保证，我是一个好母亲，我正在尽力做我能做的全部。

“乔，听我说，你必须停止为难自己。”他坚定地说。

渐渐地，我开始相信他。没人能像戴伦这样让我感觉好起来。在他的帮助下，我赶走了威胁和吞噬我的忧郁感，让我专注于我需要为山姆做的事。我必须坚强。我必须重新尝试。我不是一个轻言放弃的人，而这一场战斗我必须取胜。

“明天事情会变好的。”戴伦告诉我，和我说再见。

我知道他是对的。明天，我来了，我想。没有什么能阻挡我。

10
彭尼维尔小猪农场

我比以往更坚定地要把山姆带去彭尼维尔农场。一旦我脑中有了一个想法，我就无法动摇它了，尤其是如果它可能会帮助我的孩子。

我做的第一件事就是拜访琳达。唯一能扭转山姆想法的办法，就是让他对去见这些小猪有准备。她很高兴能帮忙，并很快设计出一本故事书，书里用图和文字描绘了“山姆的一日游”。琳达认为去看小猪不仅能帮助山姆，我也会受益。

为了能安全地带着山姆去农场旅行，我按部就班地做准备。一个月过去了，我们终于让他接受了去农场的想法。这时候是2009年1月，山姆刚刚满六岁。

戴伦刚从钻井回来，他觉得“用作治疗的猪”这件事很可笑。作为一个高大的北方人，他看不出一只袖珍猪有什么吸引力，但他还是迁就了我。

“为什么不带孩子们去佩恩顿动物园呢？”他开玩笑地说。

我向戴伦解释，在这一带袖珍猪被传为了佳话，威尔、汤姆、丹甚至还有我妈妈都被它们的可爱打动了。尽管他笑话了我，但是他还是很想看看，这些被说得天花乱坠的小猪到底是怎么一回事。

山姆出行的那天终于到来了。这天天气很冷，但是景色很美。太阳照着树上的冰霜，德文郡一片白茫茫，到处闪闪发光。我为孩子们戴上暖和的帽子、围巾和手套。我们四人开始了我们的大冒险。

威尔对于再去彭尼维尔喜出望外，一路上都拍手唱歌。我想他那么高兴还因为这次他的哥哥和他一起去。彭尼维尔离我们家不远——只有二十五分钟左右的车程——但是我也不能掉以轻心，从我们出发开始我就一直注意着山姆。

“山姆，你对去看小猪感到高兴吗？”我问。我更仔细地盯着后视镜，试着看清他的表情。

“是的。”他单调地回答，望着窗外。但是这已经算是山姆做出的很积极的回答了。我高兴地转头看向前方的路。

孩子们也因为戴伦和他们一起去而高兴。当然我也一直很想他。他有他自己的办法让我冷静，现在他在为我导航，指引我们穿过一直蜿蜒到山间的狭窄乡村小路。戴伦是个看地图的高手，我在他的帮助下感觉很安全。

彭尼维尔农场建在山顶上，可以俯瞰整个山谷。山顶的风景非常棒——目之所及全都是被霜覆盖着的起伏的田野。

我们匆匆从车上下来，新鲜空气扑面而来，山姆打了个喷嚏。

“过来，山姆。”我在他身边蹲下来，把他的大衣拉链拉上去，把手套套在他的手上。山姆不再像几周之前那样眼神空洞、毫无生气，但是他看上去仍然不高兴。他的视线盯着地面，好像没有什么值得他抬头看，整个世界对他已经没有任何吸引力了一样。

戴伦感觉到了我的担忧，走了过来。

“农场就在那儿，我们去看小猪吧！”他搓着手，高兴地说。

农场的外观没有什么可看的，只是一个大的木制谷仓。我们沿着标志走到了入口，一个紧靠大谷仓的小木屋。门口有一位非常友好的女人坐在接待处的桌子后面，拿着一堆贴纸，准备把贴纸贴在孩子们的外衣上。

威尔拿到了有他名字的贴纸，非常开心，但是山姆还是盯着地面。

入口处的小木屋装饰得很鲜艳，但是很遗憾山姆对周围的环境并不在意。这里显然被建成了两层楼的商店，到处都是迷你猪的周边制品——日历、日记本、笔记本……我没想到这是那么大的产业。日历上小猪的照片真让人喜欢——简直太可爱了。我最喜爱的是一只黑白相间的小猪，穿着大红色的小威灵顿靴。

“戴伦，看！”我撒娇地对戴伦说。

“噢，别这样！”戴伦笑着把我们赶到了入口去。

很难说现在我和威尔，到底是谁更想见到小猪。

入口的小木屋朝内通向一个大农场。从小木屋进农场，我感觉就像是走出衣柜进入了纳尼亚！农场看上去很神奇，马厩、围栏和田地上都覆着霜，到处都是动物。

虽然主要吸引游客的是迷你猪，但是农场里还有夏尔马、驴、南美的羊驼、欧洲的红色小鹿、母牛、鸭、鹅、小羊羔、刺猬和山羊……彭尼维尔每年吸引着10万游客，人们从全国各地赶来这里看这些动物。

“便便，真臭！”威尔喊道，用手在鼻子前扇风。

他说得没错：动物粪便和稻草的味道混合在了一起，但是这个味道又给人一种放松舒适的感觉。我们从山羊身边走过，然后是驴子，后者把头伸出栏外，俯身等待被人爱抚。威尔朝夏尔马挥挥手，然后跑到了鹿的那边去。我示意他继续往前走。我们没有时间看鹿了，我们是为了小猪来的。我指着一路上各种有趣的动物让山姆瞧，但是他并不感兴趣。

“妈妈，我们什么时候回家？”他甚至这样问。

这一次他并不是故意蛮横不讲理，他只是确实不感兴趣。山姆被美景包围，但是他却无法真正置身其中。我看向戴伦，他给了我一个“一切都会没事”的微笑。

“山姆，我们只去看小猪，然后就回家。”我试着打消他已经想要回家的想法。

我们不用担心怎么找到小猪——不久我们就遇到了一个画着卡通猪的大牌子，上面写着“彭尼维尔小猪在这边”。我心跳加快了，我预感会有好事发生。

威尔在前面带路，他推开一扇门，把我们带到了一个小谷仓。立即引起我注意的并不是这里的气味，而是声音。整个屋子充满了长短不一的细尖叫声。在谷仓的最里面，还传来十几个小孩响亮的交谈声和笑声。我注意看山姆，不希望他出现超负荷的迹象。他防卫式地交叉着手臂，眼睛仍然盯着地面，但是他看着似乎还行。

“来吧。”威尔用力拉我的手。他非常好奇，想知道声音是从哪儿发出来的。

我们越往前走，叫声就越大。我转过身去想和山姆说话，让他对小猪产生兴趣，但是他却不见了。

“山姆在哪儿？”我问戴伦。

他指着谷仓一角的长凳。山姆自己一个人坐着，手放在脸前摇晃。我回头瞥见所有的孩子们都愉快地笑着，只有我的孩子自己一个人坐着。我无法接受，山姆不能错过这个机会。

我大步走到他坐的地方，在他身边蹲下来，轻轻地用双手托住他颤动的手。

“山姆，亲爱的，现在该去看小猪了。”

他抬起他那双看上去很忧郁的眼睛。这时我本能地只想抱着抚摸他，保护他免受所有惊吓。但是我知道我必须得推着他往前走，让他看到这个世界并不像他想的那样可怕。我把他的手放在我的手里，带着他到了他弟弟还有其他孩子们嬉闹的地方。

戴伦看到我们过来，在围栏周围让出了一块地方，山姆站在那里可以看到里面。戴伦招呼我们过去时脸上露出一个大大的笑容。

“噢，我的天哪！”我朝着围栏往里看，这次轮到我尖叫了。

依偎在稻草里的是七只小猪。它们有些吸着奶，有些在母亲身边跑着，或者在母亲身上笨拙地爬来爬去。它们都是小不点儿，大概只有十五厘米长，或许还不到。它们中有黑色带白色斑点的，有白色带黑色斑点的，还有杂色的。它们的小眼睛被长长的睫毛包围着。它们都挤成堆，相互取暖。其中的一只斑点小猪隐没在稻草丛里，只有它那像浮潜管一样伸出来的鼻子暴露了它。

我的心融化了。

“瞧，山姆！”我预料的是他也许会盯着地面，但是他却被小猪给迷住了。他的手紧紧抓住栅栏门，就像要立即撬开它似的。他的表情让我想起他在西班牙的动物园遇到老虎时的情形——那时候他也有过这样可爱的神情。

有一位农场工作人员察觉到了山姆想要接近这些小崽子的欲望。

“你想抱抱它们吗？”她问。

“是的！”威尔突然答道，上下跳动雀跃不已，山姆也开始兴奋地上下拍打着手臂——我已经不记得他上一次这么兴奋是什么时候了。

“安全吗？”戴伦开口问道，他毕竟是一名安全工作人员。

在通常情况下，母猪为了保护她的后代会变得富有攻击性，但是彭尼维尔猪不会。这个工作人员解释说，这种猪是专门培育的，性格温顺，体积也小。

那个全身穿着蓝色工作服、胸前戴着农场标志的女人，慢慢地打开门。我的男孩儿们就像两匹等着出发指令的赛马，焦急地等待着想要冲进里面。

威尔一进入围栏，这些好奇的小猪就跑过来围着他，冲到他的脚边，发出呼噜声和“吱吱”的叫唤声。

“啊！”威尔咯咯地笑起来。它们啃咬着他的鞋，拽着他的鞋带，小小的牙齿轻咬着他的运动鞋鞋面。

另一边，山姆只看着一只小猪。

它太小了，所以我一开始没有看见它。它在角落里藏着，是这一窝崽子里唯一一只姜黄色的小猪。它看上去伤心又孤单，就像山姆先前那样。

山姆好奇地走过草丛，蹲在了这只茶杯大小的小东西旁边。山姆看上去似乎像是能理解它经历的一切一样。

我抓住了戴伦的手臂，低声让他看，我不想破坏这一刻正在发生的奇迹。

山姆把小猪搂在怀里，把鼻子埋在了它柔软的姜黄色皮毛里（成年猪的毛发粗糙，但是这些小猪崽身上只有绒毛）。这只小动物竟然也神奇地用他的鼻子蹭山姆的脖子、耳朵和脸。山姆发出一阵大笑，因为小猪撒娇地钻进他怀里时，它的毛发蹭得山姆皮肤发痒。

在这些小猪的叫声和骚动中，真正神奇的事情正在悄然发生。山姆和这只姜黄色的小猪明显有着某种联系。这只小猪对山姆有着我从没见过的镇静作用，完全就像我听过的坐轮椅的男孩的故事一样。山姆一遍遍地轻抚怀中的小猪，每一次抚摸都让他更加放松。

小猪显然也感谢山姆对他倾注的爱。每次山姆抚摸它的柔软毛发时，它都发出一声轻叫，就像一只猫发出愉快的呼呼声。

我用手捂着嘴，挡住自己想要发出的快乐尖叫。这会是我一直寻找的解决方法吗？

我看向戴伦，他似乎知道下一步会是什么。

“你一定在开玩笑！”他笑了起来。

“你不认为我们应该买下那只小猪吗？”我兴奋地问戴伦。

山姆这会儿已经在草丛中躺了下来，躺在他的朋友旁边——他的朋友！然后我终于看清了这只小猪。它很可爱，没毛的小鼻子皱皱的，像折叠的手风琴风箱，嘴巴向上翘着，像在微笑一样。

“如果你想给山姆买一只宠物，我们应该买一条狗。”戴伦建议道。

“而我无论如何都会要一只宠物猪而不是狗！”突然在喧嚣中一个低沉有力的声音宣布道。

他是小猪农场的农民，克里斯·默里。他大步向我们走过来。

“你好。”他把手在裤子上擦了下，然后伸出来同我和戴伦握手。他很会说话，是一个相当潇洒的人，并不是我预想的那种农场农民。

“为什么猪比狗好？”戴伦笑着问。

默里先生高兴地搓着手，显然他一直期待着回答这个问题。

“很简单。它们更干净，更聪明，更容易养，而且更便宜。它们不需要占用你很多时间，而且还那么热情。”他一边说一边把一只黑白色的小猪抱起来，“你可以在家训练它们，甚至教它们杂技。它们不需要那些疫苗和其他宠物的那些开销。”

默里先生开始滔滔不绝地说起彭尼维尔农场。他解释说，“迷你猪”和“茶杯猪”是媒体编造的名字，他们的正式名字是“彭尼维尔小型猪”。

“你看到它们嘴角的笑容了吗？”他指着姜黄色小猪微笑着的脸。

“是的。”我点头。小猪的眼睛也是情意绵绵的。

“那是彭尼维尔的标志。我的小猪是快乐的小猪。”他津津有味地说。

二十五年前，克里斯·默里靠卖猪谋生。突然之间，市场扭转了，猪肉售卖市场常常变化很快，他的每头猪要损失七至十一英镑。

“‘你不得不洗手不干了。’我的老婆告诉我。”默里先生一边挥舞着他的手一边说——他是一个充满活力的农民。但是他没法放弃猪，因为他喜欢它们。于是他决定养一些作为宠物的猪。

“奇怪的事发生了。”他故意停顿了一下。

戴伦和我现在都被他的话吸引住了。

“我发现当朋友和家人来到农场的时候，他们都被我的宠物猪吸引了。”

默里先生描述道，他们抚摸这些动物时脸上多么开心——毫无疑问就像山姆刚才那样。他们都说只是希望猪能小一点，这样他们可以抱在怀里抚摸。

所以我想，为什么不饲养一些小到能够放在手掌里的猪呢？而且小型猪养起来不会花太多钱。在各个层面上都更有优势。”

“豪华的猪！”戴伦俏皮地说。我用胳膊撞了下他肋骨让他闭嘴。

不仅只有戴伦和我被猪的故事吸引——山姆也在专心地听着，他想知道他新朋友的所有事。

默里先生告诉了我们小猪是怎样培育出来的。在经过长久和复杂的试验之后，让一种特定的母猪和一种特定的公猪交配繁殖，便得到了完美的彭尼维尔小型猪。

“我知道怎么培育猪能让它们看上去又大又壮，所以我只要倒过来做就行了。我从每一窝里精心挑选出最好的猪，然后就成了！”

默里先生用了五年时间培育出了他满意的小型猪品种，并且培育完美的彭尼维尔小型猪的任务仍在继续。

“女性决定了后代的大小。男性认为他们可以决定，但是其实是女性决定的！”他轻声笑了起来，眼睛里闪烁着狡黠的光。

在他说话的时候，我看着山姆。我能看出山姆对他的新朋友有多着迷。趁着默里先生停下来喘口气，我再也忍不住了。

“这只猪卖吗？”我脱口而出。我一说出口就后悔了，希望自己可以收回这些话，因为我还没有准备好把自己心里的激动表达出来。如果他说“不”呢？如果山姆不能拥有这只对他有神奇作用的姜黄色小猪呢？

默里先生以一种古怪的姿势挺起他的胸膛。

“嗯，你问的这个问题很有趣。你儿子抱着的这只小猪是这一窝里唯一还没有卖出去的。”

我很高兴，同时又感到伤心——伤心的是没有人愿意买这只独自站在角落的奇怪小猪，高兴的是，我可以让山姆和他新朋友之间发生的奇迹继续下去了。

我激动得直拍手，戴伦笑着翻了个白眼。

依靠出售小型猪来形成产业并不是默里先生的本意，他想澄清这一点。

“我最初在农场培育它们，是为了把它们当自己的宠物，而不是为了销售，但是所有人都为它们疯狂，所以我最终让步了。”

默里先生解释说他仍然没有大量出售给公众——一年最多出售五十五只。他的主要收入来自运营一间开放的农场。

“而且我对于把它们卖给谁这件事很挑剔。”他说着，朝我们倾身，眉毛意味深长地拱起来。

“因为养猪需要很大的空间，即使是小型猪。拥挤的伦敦公寓是不行的！”

默里先生在卖出小猪前需要确定小猪会快乐。他告诉我们，他一开始甚至不确定是否要卖一只给电视主持人乔纳森·罗斯，他是他的第一批客户之一。

“我那时候不知道罗斯是谁。”默里先生笑着回忆起那次尴尬的电话交谈。

“我问他谁来照顾小猪。罗斯说，由他的老婆和女儿照顾，以及他想要两只。我接着问他住在哪里，当他说他住伦敦的时候，我告诉他这不是一个好主意，‘为什么？’他恼怒地问我，我说猪需要空间。”

“我不知道他是有名的电视主持人，住很大的房子；我脑海里想象的是，高耸的大楼公寓，屋内只能眺望窗外的铁路。‘两英亩够了吗？’罗斯问我，他显然对我的怀疑感到好笑。”

“虽然空间让人放心，我还是坚持和他的老婆通话，确保小猪会被很好地照顾。她很友好，已经做好了功课。所以我同意了。”

“可惜罗斯没办法亲自过来，他派了两个人来接小猪。他们穿着西装，乘着一辆窗户贴着黑膜的大轿车来。看着他们在泥里跋涉，我忍不住自己笑了起来。这真是一个非凡的景象！不是你平常在德文农场能看到的。”默里回忆着，笑了起来。

那不是他唯一的名人故事。他透露说，乔纳森·罗斯之后有不少名人成为小猪粉丝，但是他不能说那些人是谁。

“要保守秘密！”他摸着鼻子，谨慎地说。

“我们什么时候可以……”我最想知道的，是我们什么时候能把我们的小猪带回家。

但是默里先生还在不停地说，他显然很喜欢谈论他感兴趣的话题，以及享受被关注的感觉。他从窝里捞起来一只小猪，它发出一阵“吱吱”声，蹄子在空中比画着。

然后默里先生把它安全地搂在怀里，抚摸着它的肚子，这只小猪的眼睛又慢慢地闭上了，被安抚着重新进入睡眠。

“它们喜爱你摸它的肚子。”默里先生说，微笑着用食指揉它的粉色肚皮。他解释说，当一只母猪高兴的时候，它的毛发会竖立起来。而当公猪的毛竖起来时，有两种含义：它很高兴，或者你即将要被一只愤怒的猪攻击了。

听到这儿，戴伦的头发瞬间立起来了。

“那我们还是养母的比较好，嗯？”他问。

但是我插了话：“不，我们难道不应该买这只姜黄色的吗？”这只小猪刚刚和山姆成为朋友。

“好吧”，戴伦放纵地嘲笑我，“我猜它和你的头发颜色很配！”我给了他一个讽刺的笑容。默里先生向我们保证，所有的公猪都绝育了，所以我们不需要担心它们会生气。

我正要再问小猪到家的时间安排，威尔就抢先一步：“我们什么时候能带他回家？”他大叫着问。

听到他的提问，山姆的耳朵竖了起来。默里先生告诉我们，需要等一个半月，因为小猪才两个星期大，还需要母亲的照顾。这对我来说没问题，因为这样我们就有足够的时间准备它的到来。

我看着山姆躺在他的小猪旁边，想象着我们和这只姜黄色小动物的新生活，一阵幸福感朝我涌来，几个月来我第一次感觉到我们家庭上空笼罩着的乌云消失了。

这段时间我们还需要做一些其他的事——和我们的房东说清楚。

“我相信他会允许我们养宠物的，”我肯定地对戴伦说，“毕竟它只是一只迷你猪。”

但是我这话说得太早了。

11
表现最好的小猪

我们的房东并没有同意这个想法。

“不，任何宠物都不行，即使是茶杯这样大小的。”他直言不讳地说。他甚至不愿意讨论这个问题。

呃，糟了。我惊慌失措。我从没见到山姆比他和那只小猪在一起时更快乐。我怎么都要让他们聚在一起。

“你在开玩笑吗？”当我告诉戴伦我们应该搬家的时候，戴伦哈哈大笑。

“我非常认真。”我一如既往的坚定。

他认识我足够久了，知道我不会轻易放弃，而且在我们谈过之后，我们都同意这对山姆来说会是最好的决定。

又一次，我们开始和时间赛跑。我们只有六个星期的时间，得找到新的房子和把所有东西搬过去。

戴伦真是太好了，他在埃及工作时做了许多调查。我们组成了一支很好的队伍——他在网上找到房子，我去看现场。令人沮丧的是，我西班牙的房子还没有卖出去，所以我们只能再次租房。

当我看见一间在美丽小村庄阿格伯勒的谷仓改造房时，我就知道是它了。它坐落在山脚下，位于一座农场和一座改造农仓的旁边。我们会和邻居共用一个庭院，但是我们有自己的花园，里面有苹果树和花，甚至还有一条小溪流过。

这间谷仓房布局完全颠倒了——客厅在最上层，卧室分布在一层。屋子就是你能想象的谷仓的样子，有旧的木梁和带着沙子的橡木地板。里面都已经放着家具，有些家具——比如火炉旁边的波斯地毯和松软的沙发，看上去还相当昂贵。当然最重要的是，我们的新家的房东允许我们养宠物。

随着接小猪的日子越来越近，戴伦开始问我更多的问题。作为一个安全人员，他希望确保所有的事项都被考虑到了。他的关注点都在一些实际的问题上，或许我在决定要小猪之前就该考虑到，但是由于我太坚持要把山姆的朋友带回家，所以我甚至没有考虑这些基本的问题……比如买它需要花多少钱。

戴伦给农场的工作人员凯蒂打了电话。

他问了凯蒂，在我们访问彭尼维尔的时候照顾我们的工作人员，她自己也有几只小猪。

“三百五十磅！”当她告诉戴伦价格时，戴伦不敢相信地重复了一遍。

我的下巴都要掉下来了。这简直是一只纯种狗的价格。

“我告诉过你，它们是豪华猪。”他低声对我说。

但是当我看到小猪几分钟内让山姆发生的改变之后，我已经无法估量那只小猪的价值。戴伦和我讨论之后决定，我们应该买它。

戴伦接着在电话里问了一些实际的问题："它们会长多大？它们有多干净？你怎么训练它们？它们可以活多久？"凯蒂显然对应付紧张的新主人很有经验，她向戴伦保证没有什么需要担心的。直到两岁前，小猪会一直长大，达到英国小猎犬的大小；它们会活十二到十五年；它们已经被训练成家养的了，自己会找厕所，而你只需要像训练狗一样训练它们，教它们坐、原地不动、翻身等等。最好的一点是你只需要喂它们猪粮——充满蛋白质的干燥小弹丸，是猪的主食——而且非常便宜，一个月只需要五磅。小猪不需要打任何疫苗。我们唯一需要做的是签一份猪的运送文件。这将是一份关于猪的所有权的正式文件，政府在2001年的口蹄疫事件后规定在买卖猪的时候必须要签署这份文件。

"所以养猪和狗真的没有什么区别？"我不相信地摇摇头。

"没有，绝对没有。"戴伦告诉我，他问的所有问题都得到了回答。

所以我们达成了一致。小猪将要加入我们的新家了。戴伦和我努力地打包屋里的东西，这些东西我们之前也曾小心地放进箱子里。对于要搬新家这件事，威尔非常兴奋。而虽然面临新的变化，山姆却似乎在访问彭尼维尔之后更开心了。他笑着看戴伦开玩笑地把威尔也放进箱子里。

"这一切都为了一只猪。"戴伦一边说，一边把一个箱子放进了搬运车。不过他知道，任何能够帮助山姆的事情都是值得去做的。

离我们的小猪到来只剩下一个星期了。每当有人提到把猪带回家，山姆的耳朵就竖起来，兴奋地晃动着手。山姆对画画的执迷也有所减轻，这也是他焦虑水平慢慢下降的一个迹象。但是我还不愿意告诉他关于小猪的任何事，以免他的幻想泡沫破灭。在我们回彭尼维尔前，我希望能享受此刻的平静日子。

我实在不知道该怎么为一只猪的到来做准备。然而戴伦告诉我，我们应该像狗一样对待它，比如给它准备一个狗用的篮子窝。山姆已经等不及要为他的新朋友挑选篮子了。戴伦花大价钱买了一个有蓝白格垫子的篮子，看上去很舒适。我们选了一个能装下杰克・拉瑟短腿狗的小尺寸，我们知道这只小猪以后会长得比这个尺寸大，但是现在任何一个大一点的篮子都会完全淹没它小小的身体。我们还给它买了一个陶瓷做的狗食盆——外面还写着“狗”——用它来装它的粮食，还买了一个可爱的玩具猪给它玩。我们甚至买了一个脖套和一根牵引绳，这样就可以带它出去散步了。

山姆很难做出决定，但是我可以看出来他想要参与所有的这些准备。我鼓励他帮我在屋子里找一个地方放篮子。山姆拉着我的手把我领到了客厅的加热器旁边。他显然在顾及着小猪的安危，知道他晚上需要一个温暖舒适的地方睡觉。

这是一个十分成熟周全的考虑，尤其是对于我的儿子来说。我们发现山姆的一个显著的变化是，自从他遇见了我们的小猪以来，他开始显现出同情心——自闭症儿童身上少见的东西。他不仅在猪窝里接近了一只最孤单的小猪，陪伴它，而且现在还贴心地为它挑选了暖和的地方睡觉。这看上去让人很欣慰。山姆大部分时间都待在他自己安静的世界里，如果我们不去哄着他参与一些事情，而是让他自己选择的话，他什么都不会做，只会默默地画画或者看电视。看着他为小猪准备它的床，我甚至有了一些奢望，觉得一旦小猪到来，山姆就会开始交流和沟通，我的儿子会注意到周围的万千世界。我乐观地想，当小猪到来后，他会减少待在自己沉默的世界里的时间。

我还清晰地记得我们出发去彭尼维尔农场的那个早上，就像发生在昨天一样。那是2009年4月的一个异常炎热的春日。我的儿子们都很激动，因为他们的外婆要从西班牙飞过来看小猪。我的母亲通常夏天会来德文郡，但是她不想错过这件大事，所以她特意赶了过来。

我们都挤进了我们的新路虎车，孩子们给它命名为“闪电麦昆”（皮克斯动画片《汽车总动员》的角色）。车里有我妈妈、戴伦、我、孩子们，还有一个从邻居那里借来的绿色猫咪便携箱。

我从没见过山姆那么激动：他上下拍打着手，发出尖叫声。威尔不停地问我们应该给我们的新小猪取什么名字，于是我们开始在车里想各种名字。

鲍里斯？布鲁诺？贝贝？

“波奇？”戴伦贡献了他的想法。

凭空想出一个名字比我想象的要难多了。我们希望一会儿和它重聚的时候我们能想出来一个好名字。

我们到达彭尼维尔后，得到了非凡的待遇。我们这次没有像游客那样从正门走进去，而是被接待我们的人从侧门带了进去。接着凯蒂领着我们到了办公室，当我在签署接走小猪的相关文件时，她给所有人倒了茶。威尔踮着脚想看我在干什么，而山姆看着屋子的角落舞着手——他已经没法控制自己的兴奋了。

然后凯蒂带着我们来到了谷仓。我在前面拿着绿色的猫咪箱子带路，戴伦、妈妈还有男孩儿们排成整齐的一列跟在后面。当我们接近猪圈的时候，耳边可爱的叫唤声和呼噜声渐渐变大，我感觉我很久没有出现过的一种情绪被触发了。

嫉妒。

一个穿着灰色雨衣的女人抚摸着姜黄色小猪——我们的小猪。她是一位上了年纪的女士，头发灰白。看上去她完全被她周围的小猪们迷住了。我们走过去站在她的旁边，看着她。“它真是漂亮。”她一边说一边朝着怀里的小猪高兴地微笑。她的眼睛里全是快乐的笑容。

我立即对我的嫉妒心感到内疚，因为她显然也被这只小猪的魔力触动了，就像山姆一样。

“是的，它是我们的。”我带着一些骄傲说。

“它会让你们非常快乐的。”她肯定地说，轻拍它柔软的赤褐色毛发。小猪在她的手臂里熟睡着，我不太好意思立即把它从她身边带走。于是我开始和凯蒂说话。

“它表现很好，是不是？”我说。

凯蒂解释说彭尼维尔猪被培育得安静乖巧。她告诉我它们习惯了和人相处，除了偶尔的叫声和呼噜声，几乎不会发出别的声音。这让我高兴，因为谷仓里所有小猪的呼噜声在一起听着很嘈杂——所幸我们只带一只回家！

我轻推了一下戴伦，沉浸在“我的小猪是最好的”的幻想中。

“猪比狗好的另一个原因是，”我大声说，“它们不汪汪吠！”

“我已经买单了，你不用再说服我了。”他笑着说。

山姆仍然在拍打手臂，同时还发出“哼哼”声——我想他兴高采烈得快要爆炸了。他想必很难忍受只能看但是不能抱着他的小猪这件事。女士看到了山姆的热切，她抱着打瞌睡的小猪坐在长椅上，在她坐的位置旁边拍了拍。

山姆几乎是本能地知道，为了不惊扰到小猪，他得试着冷静下来，停止拍打手臂。他慢慢地沿着长椅走到了女士的旁边坐下。我想小猪一定是闻到了山姆的味道，因为它抬起皱皱的鼻子在空气里抽动了一下，然后它扇动长长的姜黄色睫毛，睁开了疲惫的眼睛。

很明显，它想坐在山姆腿上，因为它开始在女士怀里蠕动，四肢扑腾着，想要到我的儿子那边去。女士把它递给了山姆，而它一接触到山姆就跳到了他的脖子上，紧挨着他，不停地亲吻他。它显然很开心能来到山姆的怀抱里。

“它长大了！”威尔大叫着，他注意到了这一点。

它长大了一点——现在有三十厘米长了，不再是茶杯的大小了，但它还是相当可爱。用狗来作比较的话，它现在相当于一个吉娃娃的大小。

我们轮流拥抱我们的新宠物，又开始给它想各种名字。莫名的，一个名字从我的嘴中蹦了出来，我不知道它是从哪儿来的。

“查斯特？”我提议道。

每个人都抬起了头，包括那只小猪。

“它喜欢它的新名字。”威尔一边揉着小猪的肚子一边说。

所以我们决定就叫它查斯特——我们的姜黄色迷你小猪。

在我们离开之前，还有一件事要做。我们要去见查斯特的爸爸。彭尼维尔的政策是，新主人要去看它们是从哪里来的，这样他们会对小猪能长多大有一个印象。很多人以为迷你猪只会一直保持袖珍的体型，但是当他们发现小猪能长到狗的大小时又会嫌弃它们。彭尼维尔希望尽一切可能避免“退货”。所以我们必须见到它的妈妈和爸爸。妈妈我们上次来已经见到了，这次是去见爸爸——彭彭。克里斯·默里带着我们去见了它。

“就像狮子王里面的疣猪彭彭那样？”我问默里。

“正是。他是这里的国王。”农场主眨了下眼，带我和妈妈到了另一个谷仓。

当我们接近猪圈的时候，一只毛发浓密、小狗大小的猪跑了过来，发出很大的呼噜声。

“你好，男孩！”默里先生在它耳朵后面挠了一下，跟它打招呼。彭彭有着和查斯特一样的笑脸。尽管它比我们的猪大，但还是很可爱。彭彭是农场里的种猪，已经生育了无数的小猪。

默里先生招手让我们进猪圈里去。妈妈有些迟疑——她穿着一条质地很好的修身长裤——但是现在打退堂鼓已经太迟了。彭彭欣然接受了所有的注意力，它翻过来侧躺着等待他的主人挠它的肚皮。

“看这个，它喜欢这把扫帚。”默里先生开始用鬃毛扫帚扫他的肚子。

妈妈和我大笑出声，这真是我们见过最有趣的事情了。

突然，彭彭觉得玩够了，它一下站起来，颈上的长毛立了起来。

“哦，它过于活泼了。”妈妈侧着身子走开。

当妈妈打开猪圈门的时候，彭彭朝着她的腿冲过来，差一点把她撞倒。幸运的是，默里先生把她抓在了他的怀里——这让她很尴尬。我大笑了起来，而妈妈的脸颊泛起一层红晕。

“我想我们应该回去找山姆和威尔了。”妈妈红着脸说，整理着她的外套。

我们回到了小猪猪圈，看到威尔正抱着查斯特。山姆站在旁边，拍着手急切地想再次拥抱它。他之后会有很多机会抱它的。现在，我们该带我们的宝贝小猪回家了。

凯蒂靠近围栏，抓了一把稻草塞进猫咪便携箱里。当凯蒂把查斯特抱进箱子的时候，它没有叽叽喳喳，也没有尖叫，它没有发出任何声音。它是一只完美的、表现很好的小猪。接下来一定会很顺利的！我想。

稻草舒适的味道，还有车的晃动，对查斯特来说是一件好事，它在我腿上的猫箱子里熟睡了。它侧躺着，蹄子穿过便携箱的网眼，伸向前方。

“它太可爱了。”威尔止不住地笑。

回家的路上，山姆一直盯着他的新朋友。偶尔他会身体朝前倾，看护着它。

我们到家做的第一件事，就是把查斯特带到楼上的客厅去。它现在已经醒过来了，粉色的鼻子贴着格栅，嗅着空气里陌生的味道。我小心地把猫箱子放在客厅的木头地板上，打开便携箱的门。

查斯特在新环境里一点也不害怕，它像一只从笼中放出的小狗一样冲出来，在开放式的客厅和餐厅里到处跑，用鼻子嗅着每一个角落和缝隙，孩子们则追在它后面。然后它在地上撒了泡尿。

“哎呀！”我叫了一声，跑去拿厨房用纸。因为它很小，所以只是很小的一泡尿，但是我不想在房东的好地板上留下污迹。

“我们得马上训练它，让它懂得家里的规矩。”我一边清理一边说。

接下来的一个小时，我手里拿着一卷厨房纸，一直跟着查斯特。跟着查斯特就意味着跟着山姆——他们不愿意离开对方。

如果山姆坐在沙发上，查斯特也想坐在他旁边。如果山姆去上厕所，查斯特也一定要跟着他去。他俩最后来到餐厅的长桌下面——这里如果有一泡尿出现我不容易够着。但是我没办法让自己把他们从他俩的巢穴引开，他们看上去就像失联了很久的朋友，想要每分每秒都和对方在一起。

我又想起来那个恐怖的日子。那天我望着教室窗外，看见我的儿子一个人孤零零的，和其他的孩子都离得远远的。查斯特就好像知道山姆需要一个朋友一样，所以它总在山姆身边。山姆则不停地抚摸拥抱它，使劲吻它，感谢它无条件的爱。

他们新建立的友谊是我都没想到的。

因为还是一个婴儿，查斯特很快就没了力气，在山姆怀里睡着了。山姆从桌子底下爬出来，轻轻抱着他的“宝宝”。他看上去有些担心，因为查斯特在发抖。

“别担心，我们给它加一条毯子。”我让山姆放心。

我们把查斯特小小的颤抖的身体裹进了奶油色的绒毛毯子里。他现在看起来真的像一个刚出生的婴儿了。我们轮流摇着它哄它睡觉，等我妈妈抱着它的时候，我忍不住去拿出相机，因为它只有鼻子和姜黄色的毛发从毯子上面露出来的样子实在是太可爱了。

“我要把这张照片发给我所有的西班牙朋友，告诉他们你有了新的宝宝。”她开着玩笑，暗指查斯特和我的头发颜色完全一样。

戴伦也很重视查斯特的健康，决定点燃火炉给它取暖。查斯特一点都没有见外，火一生起来，它就迈着蹄子爬到了地毯上，在火炉前面舒展身体，露出肚子，吸取着温暖。

山姆躺在他的朋友旁边，轻轻地抚摸查斯特柔软的皮毛。偶尔查斯特还会高兴地哼一声。到了傍晚，我们都来到了有电视的舒适的地方，把查斯特留在了客厅的壁炉旁边。山姆拥抱着我，他的脸看着平静而满足。我不能相信眼前的男孩和几个月前因为要去农场而崩溃的是同一个男孩。我不希望这天结束，但是夜晚悄然来临了。

“睡觉的时间到了。”我告诉孩子们，轻轻敲着我的手表。

“哦，妈妈……”山姆呻吟着。我们回到了客厅，和我们的小猪说晚安——但是查斯特不见了。

“哦，我的天！它在哪？”我有些惊慌失措。

但是没多久我们就发现，没有烦恼的必要，因为查斯特已经上它的床睡觉了。这只聪明的小猪发现了加热器底下的狗篮子是它该睡的地方。它在繁忙的一天之后已经疲惫不堪。

真令人难以置信，我想。这似乎不可能是真的。

我把毛毯放在它身上，给它盖好，只让它的鼻子和眼睛露在外面。山姆把玩具猪放在它的旁边，以免它晚上觉得孤单。他俯下身吻他好朋友的鼻子。我的眼睛里充满了幸福的眼泪。

查斯特在山姆身边，明显对山姆产生了积极的影响。我们的新成员似乎马上就找到了自己的位置——就好像它一直是我们家里的一员一样。

12
和邻居见面

查斯特不习惯早起。早上时我们发现它还睡在同一个地方，它的鼻子从“羽绒被”里伸出来。我们都盯着它的狗篮，看着它慢慢睁开眼睛抽动鼻子——看上去做了一个好梦。

这是星期天的早上，男孩儿们在明天上学之前可以和他们的新宠物玩一整天。在查斯特睡着的时候，山姆开始画画了。他把桶里的画笔都放在了餐桌上，每一种颜色都轮流仔细地看，寻找完美的那一支。我多么希望他这次能打破对飞机的执念，画一只猪。

我假装在厨房里忙活，偶尔不经意地经过山姆旁边，看他在纸上画的线条。我的心沉了下去——他在画飞机。我想，也许让他一夜之间就转变，这样的要求太过分了。我知道在山姆的自闭症这件事上，我不能把任何事当成理所当然，我应该把昨天的愉快记忆打包装起来，不能指望开心满足的男孩今天还会出现。

山姆歪着头，眼睛和模型飞机的机翼对齐。他的眉毛因为沮丧皱了起来。

“啊！”他大声叫着用笔戳进纸里，力量大到毛毡笔的笔头都折断了。

他正在崩溃的边缘，我暗自做好准备面对他的攻击。

但是接下来，我看到了一闪而过的姜黄色。我都不知道迷你猪可以跑那么快，尤其是一只刚刚还在熟睡的猪！等我回过神来，查斯特已经坐在山姆的脚上，可爱地抬头看着他。它一定听到了山姆沮丧的叫声，想帮助它的朋友。暴风雨就这样消散了——山姆伸手把查斯特搂在了怀里，而小猪回馈给他的是亲切的叫唤和鼻子的轻触。

不过我现在有了另外一个问题需要担忧。查斯特憋尿已经憋了一个晚上，它可能马上就会尿出来。

我立即把查斯特从山姆的怀里抢过来，正在这时候——“哦，不！”我大叫着，伸直手臂，双手举着正在撒尿的小猪，带它穿过客厅。

“开门！”我朝戴伦喊着。现在是全员待命的状态。

戴伦把通往露台的大门大敞开，站在这个露台上可以眺望底下的花园。妈妈惊恐地叫着，威尔在大声笑着，我把查斯特放在外面的木板上，而它还在继续撒尿——我之前还以为，对于一只小猪来说，它只会有一点点小便！

“我们今天就得开始做上厕所的训练了！”我宣布。我把它放下来，跪在地上擦拭它在客厅留下的一片痕迹。

但是查斯特并没有学习任何东西的心情。睡了一整晚之后，它现在精神饱满，只想着玩。山姆把它抱起来，带它下楼梯，走到草坪上。

这是一个漂亮的春日。院子里开满了水仙花，朝着阳光绽放黄色的大漏斗花瓣。花园里的各个角落都绽放着各种颜色的花朵。这里还生机勃勃地充满各种声音——从鸟的歌唱到花园底部流动的溪流声。

山姆小心地把查斯特放在草坪上。草坪的草还没来得及割，但是我们不必担心查斯特会在长长的草丛里走丢——他的姜黄色身子在草丛中十分扎眼。

山姆开始激动地拍打他的手臂。山姆学校的孩子们可能认为山姆的行为很奇怪，但是和那些孩子不同，查斯特认为山姆的动作是在表示山姆想要和它一起玩。山姆在它后面追着，高兴地欢呼。查斯特时不时地停下来等着山姆赶上，然后快要被抓住时又撒着蹄子跑开。山姆比小猪更兴奋。

我们都站在木头露台上，看着底下的表演。威尔抱住了我的腿。“你也想去玩吗？”我问威尔，察觉到他可能觉得自己被忽略了。

但是威尔显得有些犹豫。作为一名四岁的孩子，他已经相当敏锐了。他意识到这对山姆是一个重要的时刻——山姆停下了画画，开始玩耍奔跑——而且他担心山姆不希望他参与进去。他们已经多年没有在一起玩过了。威尔看上去很伤心，他渴望地凝视着眼前的快乐画面。

这时戴伦过来了。他把威尔抱起来，放在肩膀上，走下通往花园的台阶。威尔再也忍不了了，他一被戴伦放下来，立刻就冲出去追赶山姆，追逐查斯特。孩子们跟在查斯特后面，在花园里狂奔。查斯特欣然地接受着孩子们的关注，快乐地发出呼噜声。

山姆和威尔要追上它得费不少力气。

每次孩子们停下来喘气时，查斯特就会站在他们正好够不着的地方，逗他们玩。很快男孩儿们就跑不动了，查斯特却不想游戏就这样结束，于是它又在后面追赶他们。这样他们仨一直就在苹果树周围跑来跑去。

然后我听到了一个声音，对我来说几乎是陌生的，我的大儿子笑了——真正地笑了。这么长时间以来，山姆一直那么沮丧，他的行为都被负面情绪主导，不时还会崩溃，所以他几乎没有笑过。然而现在，这一刻，他只专注和他的新朋友玩，享受玩耍的乐趣。他的精神似乎以某种方式得到了解放。

这是一个突破性的时刻。我拥抱着戴伦，眼里都是眼泪——我悲伤的小男孩儿现在很快乐！而且对于我来说，更重要的是，他终于和他的弟弟一起嬉闹了。我一直渴望着他们能一起玩耍，就像山姆出现退化行为之前那样。此刻，山姆正享受着威尔陪伴在他的身边的快乐。威尔匆忙地取回足球，然后一场贝利队对查斯特队的比赛就开始了。

“噢，看哪！”妈妈惊呼道。她看见查斯特在威尔和山姆之间蹦来蹦去。查斯特跑得太快，能追上足球，所以看起来就像它在用蹄子和鼻子控制球往前走一样。

山姆回过头，被他的小足球冠军逗乐了，开心地笑着。

“看，妈妈！”山姆指着查斯特。山姆自从在西班牙开始出现退化行为之后就不再给我指任何东西了。但是小猪的足球技能让他突破了这个障碍。

山姆的笑声很有感染力，不久，戴伦、妈妈和我都弯下腰来看一只小猪带球的奇观。

玩了半个小时足球之后，戴伦有了一个想法。

“我们把束具拿出来。”他建议道。我们在买狗碗、篮子和玩具的时候，同时还买了束具。作用是能让我们牵着小猪“散散步”。等查斯特熟悉了束具，我们就计划为它办一个“猪步行许可证”（法律要求的），然后我们就能带着它去公共场所散步了——甚至还可能去酒吧！

“来吧，孩子们，你们应该这样做。”戴伦让他们把查斯特带过来。山姆抱着查斯特，把它放在戴伦脚下。查斯特好奇地瞪大眼睛，好像在说：“我们要干什么？”戴伦跪下来，一只手拿着小狗脖套，一只手准备去抓查斯特。

但是小猪却有自己的想法。它一扭一摆地往后退到戴伦正好够不着的地方。

戴伦往前移，再次尝试抓住它。

查斯特又往后退。它觉得这是一个很有趣的游戏。

我和妈妈尽力忍住笑，看着戴伦又一次试着把查斯特弄进束具里去——但是查斯特拒绝配合，它咧着嘴像是在嘲笑戴伦。

“好像没有看起来那么容易。”戴伦说，试图挽回他的面子。

威尔有一个更好的想法。“爸爸，让山姆来做吧。”他说。

我看不见戴伦的脸，但是我知道他心里一定很高兴——这是威尔第一次叫他“爸爸”。威尔同时还意识到山姆和查斯特有着特别的联系，所以他才会建议戴伦把束具给他的哥哥。在这个美妙的时刻，我们全家凝聚在了一起。查斯特似乎不仅在改变山姆，它对我们所有人都产生了影响。

“好主意。”戴伦高兴地说，把束具递给山姆。

查斯特似乎本能地知道山姆需要他做些什么。他不再像刚才和戴伦玩游戏那样对待山姆。它耐心地在它的朋友旁边等候指示。

考虑到山姆基本没法自己穿衣服，他似乎不太可能操作复杂的束具。所以戴伦帮助了他，让他感觉自己能够做到。

戴伦指导着山姆怎么使用束具，然后在山姆的引导下，查斯特变得像一个松软的布娃娃，高兴地被山姆摆弄来摆弄去。它显然毫无保留地信任山姆。

“嘚嘚！我们终于搞定了！”戴伦骄傲地看着我和妈妈。妈妈正倚在露台的栏杆上看着发生的一切。

查斯特安全地被拴在束具里。接下来就是演出时间了。在狗狗秀里，狗通常被主人牵着在场上转圈。但是，现在是查斯特领着孩子们转，山姆和威尔轮流被查斯特领着在花园里转圈。这不仅逗乐了大家，同时也是教山姆学习分享的一次很好的机会——分享对他来说并不容易。

当我要求山姆把查斯特交给威尔时，他能很好地完成——比我想象的好得多，对比他在前几个月的表现有很大的进步。当威尔牵着查斯特时，山姆会跟着他们，拍打着手以释放他的激动。当他自己牵着查斯特时，他会快乐地“咯咯”笑。

查斯特很享受这些关注。它是一只天生的走秀猪，在花园里神气地走来走去，鼻子翘得高高的。这可能是我生命里见过的最滑稽的场景。如果谁这时候看见，都会以为我们疯了！

我开始大笑起来。

“什么那么好笑，乔？”妈妈问。

“我的自闭症儿子，一只姜黄色的迷你猪，因为一只迷你猪搬家，然后用皮带拴住它在花园里游行——这些竟然都是真实的。”我难以置信地摇摇头。

“亲爱的，”她握住我的手，轻轻摩挲，“你为这些付出了很大的努力，我为你感到骄傲。”

“谢谢，妈妈。”我抱紧了她。

如果说我在过去几个月学到了什么的话，那就是你永远不能预测即将到来的事情，你永远不知道明天会是什么样，所以你应该享受你今天拥有的一切。

现在，我正在度过我曾幻想的美好周末。

在花园里跑了一上午以后，小猪和孩子们全身都脏兮兮的。也许你通常不会把猪和泥巴联系在一起，那是因为那些猪不是查斯特。我不希望我们宝贝的迷你猪全身脏兮兮地上床睡觉，也担心它会把我们家里弄脏。我想起来我在西班牙买的充气戏水池，如果我让孩子们和查斯特都进去，那我就能把他们一起洗干净了。

“妈妈，能请你把水壶给我拿过来吗？”我问。

现在是猪的清洁行动。我们不得不在院子里把浇花的水和壶里的热水混合，放好洗澡水。

当我在储物间里到处找蓝色的充气水池时，我有了一个念头。我们怎么给一只猪洗澡？我不能让查斯特因为用错洗发水而皮肤红肿。

“戴伦，你能给彭尼维尔农场打个电话吗？”我朝他喊道。

戴伦打电话的时候，我把所有东西都准备好了。他拿着一瓶在浴室里找到的婴儿洗发露，出现在院子里。

“这个可以吗？”我询问道，一边看背后的成分表。

戴伦转述了他和凯蒂的谈话。猪的皮肤和人的皮肤很类似，所以可以给查斯特用我们的洗浴产品。凯蒂还告诉戴伦，因为查斯特是姜黄色的，它夏天容易被晒伤，所以我们要给它涂上我们用的防晒霜，以保护它柔嫩的皮肤。

“但我想最好挑一种温和的洗发水。”戴伦不好意思地笑了笑。他确实是外表高大而内心柔软。

我们没有在充气水池里装太多水，因为查斯特太小了，我们不希望它有任何溺水的危险。妈妈帮助山姆穿上了他的泳裤，他追着威尔跑到了水池边。外面很暖和，就像夏天一样。

“现在，听着，别在池子里玩水，你们也不希望查斯特被惊吓到或者被呛到。”我给了男孩儿们严厉的警告。

“是的，妈妈！”威尔说，但是咕哝了一下，因为他喜欢在洗澡的时候戏水。

我接着准备去找我们的小猪，但是查斯特已经先我一步，等在我脚边，想要进到水里去。我以为查斯特会讨厌水，但是它却很喜欢。它在水里划来划去，像一只“泥里的猪”那样高兴——就像俗语里说的那样。

山姆把我的警告记在了心里，对他的小猪非常保护，保证没有水溅到查斯特头上。

“伸出你们的手。”我对孩子们说，挤了一些洗发水在他们手上。

然后他们在查斯特厚厚的姜黄色毛上涂满洗发水。查斯特欣然地允许山姆和威尔在给它搓身体的时候把它翻来翻去。它看上去就像一朵小小的白色云彩，松松软软的，我们只能看见它棕色的眼睛、粉色的耳朵和鼻子。这幅景象真是太美妙了——院子四周是石头修筑的旧农场围墙，孩子们和他们的猪在院子里的水池中快乐地玩耍。

邻居们——我们有两户邻居，左右两边一边一户——他们一定很想知道这到底是怎么回事。自从我们搬过来以后，我见过这两对夫妇几次。现在因为院子里的笑声，他们被吸引过来了，或者更确切地说，是因为他们看见了一只猪。过来打招呼的第一对夫妇是尼尔和布伦达。他们的花园里养了鸡，还放了一张蹦床。我的男孩儿们搬来之后就一直眼馋着那张蹦床。

“噢，那是一只猪吗？”布伦达惊呼道。我很惊讶她可以辨别出来，因为查斯特被埋在肥皂泡里面，已经看不出来它是什么了。

查斯特抬头用它的笑脸看着陌生人。

“哦，它真可爱！看，尼尔，那是一只迷你猪！”她高兴地拍着手。

她的丈夫，尼尔，看上去并不怎么喜欢我们家庭的新成员。他只是静静地站在那里，盯着查斯特，脸上带着一丝不悦的表情。

“我认为他对查斯特印象不好。”我说。尼尔已经走进屋里去了。

“哦，不要管他。”布伦达无视她丈夫的态度。

戴伦觉得这个事情很有趣，似乎他之前就预料到了现在的情况。我没想到一只小猪也会让人不快，也许尼尔只是担心查斯特会吃他们的鸡饲料呢。我应该解释一下的，告诉他我们的猪到目前为止都是一只表现完美的宠物。

接着出来查看情况的是亨利和利兹。他们是这个农舍的主人。他们对我们一直都很热情，曾经有一次叫我们晚上去他们家吃晚饭。在乡村的新鲜空气中，利兹常常满脸红润，双颊像红苹果一样鲜艳饱满。

她看上去也对查斯特有些疑虑。她把刘海从眼边拨开，匆匆打量了查斯特一番。

“我们以前也养过猪。”她像是在暗指这个故事还有很多可说的。

“哦，养它们很棒不是吗？”我轻快愉悦地说，没有意识到她的暗示。

“唔，我在想它什么时候会掀翻你们的花园。”她用洞悉一切的眼神看着亨利。

掀翻花园？我从来没这样想过。我仍然把查斯特当成一直表现良好的狗，而不是猪。

“真的？它不会那样做吧？肯定不可能吧？”我脱口而出。

亨利抬了抬眉毛。“祝你好运。”他冷笑着说。

但是我认为我们不需要运气。我们的小猪是表现最好的猪。邻居们可能有过不好的经历，但是我们的猪是迷你猪，而且它不一样——它是一只有礼貌的高级猪。

该给查斯特洗掉泡沫擦干身体了，要不它要感冒了。山姆为查斯特洗掉了全身的泡沫。我多少有些期待，查斯特可以像狗一样把水甩干，但是它却把湿湿的毛皮压在我们的腿上。

男孩儿们兴奋了一天之后都太累了，他们舒适地躺在我从西班牙搬来的绿色“爱必居”沙发上，看着周日晚上的电视节目睡着了。查斯特被他们夹在中间。同时，我和妈妈还有戴伦坐在餐桌上喝茶。我脑海里想着几件事——首先，我最担心的就是我们的小猪会从我们身边被带走。

“如果邻居对房东说查斯特的坏话怎么办？”我担心地说，喝了一口热茶。房东告诉过我们可以养猫或狗，因为查斯特相当于一只狗，我在签了租约之后从来没有担心过。但是，因为邻居们的反应，我开始担心了。我一想到房东可能会把查斯特从山姆身边带走，就觉得害怕。

像往常一样，戴伦开了一个恰到好处的玩笑，让我平静下来。

“我们可以再搬家。”他打趣地说。

妈妈几乎要把她满口的茶都喷出来了。

戴伦可能是在开玩笑，但我确实可以为了让山姆和查斯特在一起而做任何事。山姆也会为了让查斯特留在他身边而做任何事。

晚上七点，我哄孩子们上床睡觉。查斯特提前了一步——它已经睡在加热器下面的狗篮子里了。

妈妈也决定早些睡觉，于是我和戴伦可以整个晚上单独在一起。我们舒适地躺在沙发上，彼此依偎；他搂着我，我把我的脸埋在他宽大的胸膛里。每次他回家，我们都变得更亲近，我也越来越难在他不得不回钻井时和他说再见。我已经很清楚地知道，戴伦的安慰在我们的生活中起到了巨大的积极作用。我很高兴我们能和他在一起。

只有一样东西能让这一刻更完美——我爬起来，准备去厨房拿一块巧克力。

“噢，我的上帝！”我路过查斯特的篮子旁边时尖叫了一声。

篮子是空的。查斯特去哪儿了？

我查看了屋子里的每个角落，担心它会不会躲在哪里或者被什么东西夹住了。我找了椅子下面、沙发下面、咖啡桌下面、窗帘后面……我甚至还看了橱柜里面。它那么小，可以挤进任何地方。然后我突然想起来它有可能在哪里。我掸了掸膝盖上的灰尘，直奔山姆的卧室。

我踮着脚走下台阶，轻轻地推开门。床上有一床羽绒被，枕头上有两个脑袋——山姆和查斯特。我的男孩把他的手搭在他的小猪身上。

我看到山姆眨眼了——他在装睡。

“山姆，不行！”我坚决地说，“查斯特不能进卧室。”

然而，要对他们摆出一张生气的脸也不容易。他们在一起看上去是那么可爱。但是查斯特还不会上厕所，所以有些规定必须遵守。

“你可以明天再和它玩。”我掰开他搂着小猪的手，“然后现在你该去你自己的床上睡觉了。”我把查斯特举到我的眼前，对它说。

它粉红色的鼻子抖了抖，还眨了几下眼睛——一副无辜的样子。

它和山姆一样是在假装无辜吗？我想。然后我摇了摇头，它只是一只小猪而已，怎么可能那么狡猾？

13
笑着尖叫

一滴，一滴，一滴。

有什么正溅在我们的羽绒被上——而且不仅仅是在滴，简直是在浇。

“戴伦！”我把他摇醒，指着从天花板流到我们床上的一股液体。

“现在几点了？”他揉了揉眼睛。

现在是早上六点，戴伦花了好几分钟才醒过来并且注意到发生的事。我们马上想到的是有可能管子破了，或者散热器漏水了。但是我们又想到了另外一种可能性——我们看着对方齐声尖叫：“查斯特！”

我从来没见过戴伦动作那么快。他把浸透的羽绒被扔到身后，跑上了楼梯。然后我就听到了一串咒骂。查斯特撒了好大一泡尿，从隔间的地板漏到了楼下我们的卧室。

“哦！我的天哪！这是猪的尿！”我赶忙从床上跳起来，赶紧抓起几条毛巾盖在床上被尿打湿的地方。

我们的尖叫声吵醒了孩子们。他们穿着睡衣，跌跌撞撞地走进我们的卧室，揉着他们惺忪的睡眼。

“妈妈，出什么事了？”威尔问道。“查斯特尿到床上了，别过来！”

“啊，好恶心！”威尔大喊。

山姆更担心查斯特的安危，于是他爬上楼梯去看它。

我必须承认，我已经相当生气了。它毁了我们干净的白色床单和被罩，更别提天花板的油漆了。我告诉孩子们，在我们训练它会上厕所之前不要再和它玩了，而我把孩子们送到学校之后就会开始训练它。

我不愿意走上楼去——我们的房间里的狼藉还能收拾，但是天知道查斯特的那间会是什么样子。幸运的是，那间屋只有地板，所以我们不需要再想办法去弄干净一张湿透的地毯。但是我还是做好了最坏的准备。

我爬上楼，发现大家都站在屋外的平台上，围着我们的小猪。查斯特坐在地上，瞪着大家，无辜地咧着嘴，好像在说：“我？我做错什么了？”

当查斯特那么可爱的时候，你很难对它生气。而且这也不是它的错，是我们没有早一点教它上厕所。另外，它只是一只“小狗仔”，所以有时候会犯错也正常。

“好了，孩子们，该去学校了。”和查斯特在一起很容易打发掉时间——它很容易让人分心——但是星期一早上仍然得去上学，即使现在家里多了一只猪。

戴伦在收拾隔间的脏东西的时候，我跟着山姆到他的卧室帮他穿上了校服。虽然山姆的运动能力不可能在短期内变好，但是我总给他讲解穿衣服的顺序，希望他有一天能自己掌握。日常生活的秩序对于他来说至关重要。

“接下来帮你穿上鞋子。”山姆坐在床上，我一边说一边帮他把黑色运动鞋套在他的脚上。要让山姆保持注意力是很困难的，他要么就对某件事着魔般痴迷，要么就完全不能集中注意力。而此时他只想回到查斯特身边去。所以我费了好大一番力气才给他穿戴整齐。

那一天对于山姆来说是个重要的日子，因为那是他拥有查斯特后第一天回学校。他将要把查斯特的故事分享给CAIRB的孩子们——在琳达的帮助下。琳达发明了一种叫作“家庭联络日记”的交流方式。其实只需要用到一本横格练习本，我和琳达在上面交流山姆的情况，放在山姆的背包里由他传送给彼此。在这本日记里，琳达描述山姆在学校做了什么，行为表现怎么样，然后我再向她报告山姆在家的情况。这是一种很过时的交流办法，但是却很有效。它让我们都能了解山姆完整的情况，而且更重要的是这样我们能为山姆的生活创造连贯性。通过家庭联络日记，琳达应该会鼓励山姆在学校讨论查斯特，她也可能开启关于小猪的话题让山姆和孩子们讨论。

日记也带给我一些想法，让我知道晚上应该和山姆讨论什么话题。比如，如果山姆早上在感官花园里度过，那我可以问他在花园的哪些地方玩；如果山姆在家里开始沉迷于画画，我可以和他讨论日记里描述的事，帮助我和他对话，打断他的执念。但是现在我不需要这个工具了——我有查斯特。我很好奇琳达是否会注意到山姆的行为发生的变化，就像我注意到的那样。即使时间很短，这只迷你猪已经成了我们家庭的一员。

那天我很难让山姆坐上车——他不想离开查斯特。他像一个保镖一样站在他的小猪旁边，双臂交叉着抗议。

“山姆，现在赶紧上车。”我指着银色的路虎车。

“山姆不想去。”他厉声说。他的身体紧绷着，眼睛里闪烁着泪光。我祈祷着他接下来不要崩溃。

“山姆，如果你是一个好孩子，现在就去上学，你今晚就可以帮忙一起训练查斯特。”我提醒他之后会得到一个多么特殊的奖励。

他低头看着查斯特，嘴唇悲伤地颤抖着。

“查斯特需要你做一个好孩子，并且去上学。”我试着用他朋友的需要来说服他。

山姆歪着脑袋，考虑这个交易。

“好吧。”他叹了口气，有些怒气冲冲，但是至少他同意了我的要求。

这已经比往常要容易些了。

我告诉过琳达我们会养一只宠物猪，所以小猪成为我们家庭的一员并不算是一个新闻，但是山姆在这个周末的转变却是一个大新闻。在学校门口，我激动地和琳达分享了山姆这两天的进步，特别是他在和小猪玩时会咯咯大笑，和刚进庄园小学时的那个恐惧、焦虑的男孩形成鲜明的对比。我告诉琳达我的儿子和查斯特在一起时是多么的开心。

琳达显然被山姆在周末的经历感动了。父母们在我们旁边来来去去，送小孩进学校，而我们在这样匆忙的早上，激动地聊着山姆的成就。

“再见，亲爱的宝贝。”我终于和山姆道了别，亲吻他的额头。我离开的时候，心里想着，希望周末的积极能量可以渗透到他在学校的日常生活中。

同时，我也有得忙，主要是要想办法训练查斯特。戴伦从小就养狗，所以他知道一些方法。但是他想确认他的方法是不是对迷你猪有用，所以他又给彭尼维尔农场打了个电话。

凯蒂因为我们在二十四小时内第二次联系她而取笑了我们。接着她透露了一个我从来没想到过的方法——用葡萄来做上厕所训练的奖励。迷你猪显然对甜的水果情有独钟，所以如果你只要贿赂它们一两颗葡萄，它们就能按照你的要求好好表现了！

戴伦和我匆忙赶去托特尼斯的超市。看到戴伦在水果和蔬菜区翻找搜寻，我忍不住笑出声——他可是在石油钻井上处理火灾的壮汉啊，现在却在纠结是给我们的小猪买红葡萄还是白葡萄。我们最后决定买一篮白葡萄回去。

接男孩儿们回家的时间到了。我迫不及待地想告诉他们我们在商店买了什么，同时还急着想知道山姆在学校有没有提到查斯特。让人难过的是，我的愿望并没有实现。但这提醒了我，对他的病，我还有更多需要了解的地方。

自闭症让人疑惑的是，虽然我学习着理解山姆的行为，但是我从来没法预测他的行为。他的想法只有他自己知道。你我都不会注意到的一件很小的事，却会触发他强烈的反应。比如让他坐在和往常不同的椅子上，这样的小事也能让他一整天都焦虑不安。

学校里没有什么让山姆感到不安——但也没有什么变化。琳达报告说山姆花了些时间待在感官室里的长条灯旁边放松，然后用了不少时间画画。

“不过他开始画新的东西了。”她说。我的心怦怦直跳——他画的是查斯特吗？

“田小班。”

我叹了口气。田小班是《少年黑客》里的一个卡通人物，一个十岁的男孩，他发现了一个神奇的装置，可以把他自己变成十个不同的外星人英雄，每个英雄都有自己独特的能力。不过至少山姆的注意力从飞机上移开了，也许查斯特以某种方式影响了他。

琳达告诉了CAIRB所有的孩子们关于查斯特的故事，他们表现出了很大的兴趣。尽管山姆避免成为焦点，也不喜欢别人直视他，但是琳达发现了在她说话的时候他笑了——“那就是我的小猪。”

“查斯特今天很想你。”我们回家的路上我告诉山姆。

山姆又迷失在了他的世界里，盯着车窗外，无视我。我已经不会因为他缺乏交流而不安了。他的行为就像天气一样：有的日子是晴天，有的日子是雨天，有时还会遇到暴风雨，而我们只有在它到来时接受它。

当我们回家的时候，查斯特在前门等着山姆。我们刚把绿色的大门推开，查斯特就满溢着喜悦地欢迎我们。

“哦，看哪，它在摇它的尾巴！”我开心地叫道。彭尼维尔农场没有告诉我们它还会摇尾巴——它真像一只狗。而就这一点就足够让山姆从他的白日梦里走出来，重新回到我们身边了。

山姆蹲下来，把他的双臂尽可能伸展开，拥抱了他的朋友。查斯特把鼻子抵在山姆的脸上——他们显然都很想念对方。

尽管这样的重聚时刻很感人，但是我知道我不能让他们一整晚都腻在一起：我们还有一个计划需要执行。

“好了，男孩儿们！”我拍手说道，让大家都看向我。戴伦已经站在我身后了，手里拿了装着葡萄的篮子。“每次查斯特开始撒尿的时候，我们都要把它带到外面去并给它一颗葡萄。”我说道。目的是让查斯特不久后能把在外面上厕所和食物联系在一起，并且因为对食物的欲望最终养成出门上厕所的习惯。男孩儿们都点头，每个人都知道了他们要做什么。

一个半小时之后，男孩儿们和查斯特在地毯上玩耍，但是查斯特还没有显示出想去尿尿的迹象。我们之前没法让它停止撒尿——但是现在这个小东西又不撒了。戴伦坐在沙发上，不耐烦地用脚拍地。我仔细分析着查斯特的一举一动和每次叫声，看它是不是有想去小便的迹象。

而当我一转身的时候，它就尿出来了。

“就是现在！”戴伦朝孩子们喊道。

山姆把撒尿的小猪拎起来，尖叫着穿过房间走到露台。戴伦赶紧拿着葡萄跟上去。查斯特刚一结束小便，戴伦就朝山姆一点头。

“山姆，把葡萄给查斯特。”他说道。

山姆伸出手，把这颗绿色的椭圆形水果在手上摊开。根本不需要跟查斯特说什么，它自己“嗖”一下就把葡萄吸走了，而我们都还没来得及眨眼。

“好孩子。”我夸赞了我们的小猪。他的粉色鼻子猛烈地抽动着，在空气里嗅着是否还有葡萄。

山姆很喜欢这个训练。每天规律地操作让他感到舒适。撒尿之后要奖励葡萄，这样的可预测行为让他觉得自在。当然同时查斯特也很高兴。让人惊喜的是，仅仅几周后，查斯特就会上厕所了。

山姆还能流利地说“好孩子，查斯特”这句话。这是一个不小的进步，因为他说话还很吃力。他通常最多只能说出由几个词组成的句子，而且语序和语法并不一定正确。

戴伦很高兴，在他离开我们去钻井平台的时候，查斯特已经不会再毁坏房东的地板了。这一次和他吻别比平常还难，因为目前的生活似乎好得难以置信，而我想和他一起分享这一切。

我在埃克塞特机场为他送行，向他保证会随时告诉他小猪的新情况。他这次要去里约热内卢。他装作并不在意查斯特的进展，但是我可以看出来，他其实等不及想知道查斯特接下来会做什么。我猜他会跟钻井平台的小伙子们说，他的宠物是一只迷你猪而不是狗！

查斯特真是个聪明的小东西，我之前低估了它有多聪明。戴伦走后不久，有一天，山姆和威尔在花园里和它玩耍，威尔发现了查斯特的一些可疑行为。

“妈妈！”他大叫着。

我从木制阳台往下看。

“当查斯特去尿尿的时候，它不是真的要尿尿！”威尔指着小猪，而山姆正在喂查斯特葡萄。

这是什么意思？查斯特憋着尿吗？我走过去一探究竟。

仅仅五分钟之后，查斯特又蹲在草地上——但是什么都没出来。然而，它还是跑向山姆要它的奖励。这只不要脸的小混蛋！

真是太可笑了，我们的小猪欺骗了我们！

“山姆，亲爱的，不要再喂它吃葡萄了，要不它会肚子疼的。”我告诉我的儿子。老天才知道查斯特这几周骗了多少葡萄吃。我记得我们买了很多，但是我去检查的时候，发现篮子基本已经空了。

我没办法做什么，除了让儿子们留意查斯特是不是在假装撒尿，并且告诉他们只有在它真正撒尿的时候才能奖励它。我从没有预料到我们对付的是这样一个天才！

这件事也不全是坏事……因为这件事让山姆笑了。查斯特的聪明才智以及对葡萄的喜爱也意味着，我们除了教它在外面上厕所以外还能教它做很多其他的事。男孩儿们主动承担起了教查斯特的责任，用同样的奖励机制教它怎样坐、坐着不动和打滚。他们想，在戴伦从里约热内卢回来前训练查斯特学会这些技巧，让戴伦回来时大吃一惊。

当然，我给了他们一些帮助，但也只是在一开始的时候。

“坐下，查斯特。”我把它的小屁股按到草坪上。它腿贴着地坐着，透过它姜黄色的眼睫毛看着我、山姆和威尔。

“好孩子。”我摸摸它乱蓬蓬的毛发，就像对待一只狗那样，然后喂了它一颗葡萄。只见它吸了一口气，葡萄就从我手里消失了，只留下一丝黏液。

孩子们弄明白了方法，于是他们就轮番教它这些技巧。我规定他们每项训练最多只能喂查斯特半篮子葡萄，因为我不想查斯特因为吃多了而肚子不舒服；况且，我才刚开始享受不用为它清理小便呢！（当然我也不想因为他拉肚子给它清理大便啦！）

先是教它坐，然后是教它坐着不动，然后山姆偶然地教会了它走太空步。

山姆在查斯特的头上方举着一颗葡萄，他朝后走一步，葡萄就沿查斯特的背移到了它的尾巴上方。查斯特并没有转过身子去够葡萄，而是决定倒着走，鼻子对着葡萄，脚向后滑动。

“妈妈！”山姆开心地叫。

我惊叹地看着山姆重复这个动作。查斯特走的正是迈克尔·杰克逊式的太空步。

真是太厉害了，要是我拿着相机就好了！实际上，我常常希望我能随时把查斯特拍下来，因为它做了好多有趣的事。

“戴伦会喜欢这个的！”我兴奋地说，赞赏山姆引导查斯特做出流行之王的经典动作。

和我们的宠物猪在一起的每一天都有新的发现。但是其中有些发现不那么让人愉快。几周后，查斯特开始显现出它的本来面目了。当你想到一只猪的时候，你会想到呼噜声、哼哼声、短促的叫声和长叫声。但是你不会想到“整个村子都能听见的、不间断的、震耳欲聋的尖叫”。

一天晚上，我提着查斯特，把它从花园带去客厅。（我们的谷仓屋上下颠倒，而它没法自己爬上露台。）它的蹄子一离开地面，就开始尖叫——高频率地长叫，听上去就像呼啸的消防车——而且一直叫到我把它放下来。

“你是怎么了？”我问小猪。我一开始想，它可能不太舒服。也许它吃了太多葡萄，在我碰到它肚皮的时候它会觉得疼。

哦，但事情不是这样的：其实这是查斯特的新花招。从那天开始，每当有人把它抱起来，包括山姆，它都兴奋地尖叫。它只要感觉到你的手放在它的肚子底下，就会开始叫唤，一直到你把它放下来。似乎知道自己在我们的房子里安顿下来了，一旦发现我们限制了它，它就开始突破我们的底线。

如果查斯特累了，它不会叫——它会高兴地跳上沙发躺在我们身上。但是如果它醒了，它就想在屋子和花园里不受打扰地到处走动。我们做任何干扰到它的事，都会让它发出消防车那样的叫声。我想这和山姆画画有些相似——查斯特太专注于做它自己的事，不希望任何人打扰它。当然，孩子们觉得这真是太有趣了，所以还会故意把查斯特提起来听它叫。

我很担心邻居会怎么想。我不希望他们会因为查斯特而不高兴，我更不希望房东敲我们的门。

“我该怎么办呢？”我像以往那样，问戴伦。

当我等待着他智慧的建议时，却听到了一声滑稽的笑声：原来他在电话的另一端正尽力忍着不笑。

“这一点都不好笑！”我说，但是也不由自主地笑了。

戴伦提醒我，我们的房东住在北边——他最初买我们所住的谷仓屋只是为了假期使用，后来才出租——而且如果我们走运的话，他是不会有时间过来拜访我们的。我每次都很仔细地清理查斯特的小便，所以我也不用担心损坏了他的房子；只是查斯特发出的噪音让人很难忍受。我决定要找其他的方法把它拎起来。我安慰自己，还好我们住在一个偏僻的地方。

但这只是我的想法而已。

一周之后，戴伦回家了（他在钻井平台工作一个月休息一个月），周日带我们去了阿格伯勒当地的一家酒吧吃午餐。阿格伯勒是一个风景如画的旅游地，在村子中间有一个广场，还有一座古老的教堂和一间邮局。有一座美丽的白色楼房坐落在山顶，那是“航船酒吧”，而酒吧和邮局当然就是村子里的人聊天的地方。

像往常一样，我们出门前把查斯特关在客厅里。我们把通往卧室的楼梯用一个书架挡住，这样它就不能蹦下去了。

自从我们搬到德文后，戴伦和我去过几次航船酒吧，所以酒吧的服务员保罗和我们已经比较熟悉了。保罗是一个年轻的小伙子，头发深棕色，喜欢放肆地笑，露出他的酒窝。他走到外面来为我们点单。我们之前告诉过他关于查斯特的事，那是在我们刚买来小猪的时候，而现在他正告诉我们村里大家都在闲聊什么。

“酒吧里的人在问，村里是不是有一只猪。”他露出得意的笑，心照不宣地看着我们。

我惊讶地张开嘴，恐惧地看着戴伦。查斯特的尖叫怎么能一直传到山上来？但是真被听见了。

“每个人都说他们听见了猪的叫声！”

威尔开始偷笑，提到查斯特，山姆的眼睛睁得像铜铃一样大，戴伦也在低声轻笑——但是我并不觉得这有多好笑。对于戴伦来说，他可以不必在意，因为他大部分时间不在这里，不用应付那些不高兴的村民。

“这不好笑。”我说。

“有点好笑。”他再也忍不住了，大笑出声。保罗、山姆和威尔也是。我们现在已经在村子里出名了，因为有一只会尖叫的迷你猪。我只能安慰自己说，也许这不是最糟糕的出名方式。

也许山姆读出了保罗话里的暗示——人们可能在抱怨查斯特，因为他似乎马上被骄傲和保护欲占据了，一下从就餐的凳子上跳起来，差点打翻了盐和胡椒瓶。

“查斯特！”他叫出声。

保罗知道了他想说什么。

“你的猪叫查斯特对吧？”他用他浓重的德文口音问。

山姆点头，手放在臀部，无声地为自己的小猪辩护。

“好吧，我会让大家都知道的。”他朝山姆友好地眨了眨眼。

我对着我的儿子眉开眼笑——我真是为我的儿子自豪，因为他有自信能为他的朋友站出来说话。六个月之前，他还因为要去彭尼维尔农场而发脾气——他现在进步了那么多！

戴伦帮我看到了目前积极的一面，在周日的大餐快结束时，我们都在笑着说，我们的小猪已经出名了，他的名声都传播得那么广了。我开玩笑说，查斯特也许会出名到英国国家广播电视台都来拍他呢。

同时，山姆当然在想着查斯特，以及他能为它做什么——我看到他正在偷偷地把餐厅的布丁放在纸巾里。

“抓到你了！”我大大地拥抱了山姆，吓了他一跳。他羞怯地笑了，把给查斯特带的零食偷偷放在腿上。看到他关心别的生命，我觉得很感动，也更加体现了查斯特对山姆的帮助有多大。我提醒自己周一去学校的时候要把这些都告诉琳达。

即使山姆在家表现出了愉悦和对查斯特的爱，但是他在学校却完全没有类似的表现。他脑子里似乎把两个场景完全隔离开了，似乎两者永远无法融合在一起。尽管如此，琳达和CAIRB的助教们还是常常把我在家庭联系日记里提到的有趣的小猪故事说给班里的孩子们听，让查斯特似乎也生活在班里，希望孩子们和山姆都能和它有联系。

山姆班里有一个小男孩，特别喜欢听查斯特的故事。另外他也像山姆一样喜欢田小班。有一天，这个小男孩不太开心。山姆发现了，并且走出了自己的世界，去为小男孩打气。山姆画了一些田小班，琳达帮他把他画的卡通人物剪下来，这样他就可以把这些画贴在小男孩的桌子上。这是一个小小的举动，但是意味着很大的改变，所以当我听到琳达告诉我山姆做了这些时非常高兴。

琳达喘了口气，准备告诉我另一件很重要的事："我从来没有看到过CAIRB的其他孩子用这样的方式关心别人。"

我低头看着我的儿子，眼泪涌进了我的眼睛。因为他的自闭症，山姆要应付他自己已经很困难了，但是在心底他仍然爱着他人。

毫无疑问，我在心里感谢着查斯特。

14
芝士和猪派对

2009年的夏天光彩夺目。不仅山姆表现很好，天气也相当好。查斯特尤其喜欢在屋外玩，在一个接一个晴朗的日子里，和山姆还有威尔在花园里到处跑来跑去。山姆常常喂他的小猪吃冰棒为它降温，查斯特最爱吃橘子口味的冰棒。

六月的一天，我在花园里安排了一次聚会，邀请了家人、朋友还有邻居们。因为搬来英国太匆忙，接着又是山姆刚去庄园小学时的持续崩溃，我都还没有机会办一次乔迁聚会。亡羊补牢，犹未迟也!

我的母亲、妹妹，还有妹妹的男朋友西蒙都会过来，而我已经等不及让山姆和威尔与汤姆和丹见面了。上一次他们的见面因为发生意外比较失败，我希望他们这一次的拜访能比较顺利。然而所有事情里最好的是，戴伦从钻井平台回来了。

我把戴伦从机场接回家时，查斯特在门旁边等着迎接我们。我们的小猪抬着鼻子，在空气里大力抽动着，因为它还认得戴伦的气味，猪的视力很弱，它们用鼻子辨认物体。我瞥见戴伦脸上的微笑。这就是查斯特的魅力之一——当一个人看着它的小姜黄色笑脸时，他自己也会情不自禁地微笑。

然后戴伦说了一句让人不安的话。

“它长大了！”他惊呼道。

查斯特现在五个月大，它的身形几乎有我们刚见到它时的两倍大了。显然它还会继续长大，应该会长到英国小猎犬的大小，但是戴伦注意到了查斯特的体型已经比他上次在家的时候大了许多。

“它当然不会永远是一个婴儿。”我提醒戴伦。

戴伦皱起了眉头，这会儿他的神情和我们的邻居尼尔第一次见到查斯特在池子里戏水时一样。这是一副“我对这只猪不太确定”的表情。

“离我的猪远一点。”我开玩笑说。我走去厨房里准备我们的午餐，但是戴伦种下了一颗怀疑的种子。查斯特是不是长得太快了？

聚会的这天风和日丽。我张开双臂欢迎了我的妹妹，很高兴和她团聚。莎拉和她的两个儿子都没见过查斯特，我很想知道他们对我们的小猪印象如何。妹妹的反应在预料之中。

“噢，它真是太可爱了！”莎拉大喊道，把查斯特抱进了怀里，而我还没机会给她解释……

于是查斯特开始大声地尖叫！丹和汤姆都捂上了耳朵，而山姆和威尔在咯咯地笑。尖叫声并不好听，但是还能忍受。查斯特只是喜欢让每个人都知道它的存在。

我不得不承认，除了偶尔的尖叫声，自从我们三个月前带他回来以后，查斯特一直是一只完美的宠物。我等不及要让它在这次聚会的客人——尤其是我们村子里的朋友面前展示一番。我多少希望借着这次机会，能让那些关于它叫声的流言都平息下来。我知道，当他们亲眼看到天使一样的小猪时，他们就没法再说它任何坏话了。

但愿如此。

我花了很多时间计划这次聚会，我们要接待大概二十五个客人。我甚至请了一些服务人员来摆好食物，从一个村民那里借来了帐篷，还请了一位魔术师来表演，逗孩子们开心。山姆和威尔帮我把桌椅摆在花园里，我把一张白色的桌布铺在我们的木制长餐桌上，把所有香槟和酒杯放在桌子的一边：这会是一场真正的庆祝派对。

我确实希望每个人都能开开心心——我要通过这次聚会，感谢我爱的人在过去几年一直支持我度过那些艰难的时光。这次聚会也是一种纪念，因为戴伦和我们在一起快两年了。他让自己进入了“父亲”的角色，从未因为山姆的病而迟疑。他自愿为我们提供经济帮助，他还用他脸上的笑容、积极进取的精神和亲切关心的态度，把我从我们第一次见面时那种深不见底的抑郁中拉了出来，让我逐渐爱上他。

这是个特殊的场合，所以我让孩子们穿上了整洁的白色衬衫、米色休闲裤，还有搭配好的西装背心。这是我第一次正儿八经地为他们盛装打扮，当我把他们打扮好的时候，我觉得自己是这个世界上最自豪的母亲了。

虽然我之前为山姆准备了这次聚会的故事书，但是他还是不喜欢这么多人来到家里。山姆一直都很难直视他人的眼睛，或者接受成为人群的焦点。自闭症谱系的人，对这个世界的体验会比别人更敏感。所以他们尽量减少周围的刺激，减少与人接触，减少感官输入，愿意躲在安全熟悉的环境里。这么多人侵入他的家，而且他们都有一双山姆想要躲避的双眼，这对于山姆来说难以接受。

人们说“眼睛是心灵的窗户”是有道理的。人类的大脑天生就对视觉带来的刺激反应强烈。因此一些自闭症大脑会认为眼神接触刺激过大——是双倍的刺激。对于这个谱系的人来说，同时理解语言和看懂面部表情是一件极其困难的事。如果不去看别人的脸，山姆就只需要理解和处理语言。但是有时候即使是语言带来的刺激也太强了——就像现在，我试着在客人到来之前安慰他。

尽管我请求他，他还是不愿意挪出他的床。山姆蜷成一个球，膝盖紧紧贴在胸口上，在眼前晃动着手指，眼睛盯着空中。

“山姆，亲爱的！”我坐在他旁边，轻轻摩挲他的膝盖。

威尔急匆匆跑进卧室，看了我们一眼，又急匆匆跑出去，他能感觉到山姆已经到达了极限。

“走！开！点！”山姆重重地吐出每一个字。

虽然为山姆找了一个专研自闭症的学校，但我一直没有放弃学习和了解更多自闭症的知识。最近我才读到一篇文章，提到前庭和本体感觉输入——我在山姆感觉过载或是崩溃时可以轻拍他，拥抱他，甚至把我的一部分重量压在他身上。所以我这么做了——我伸开双臂搂着他，拥抱着他。

一开始山姆很抗拒，他的身体僵硬得像一块木板一样。随着我轻轻拍他吻他的头，他在我的怀里放松下来。

“没关系，你不需要做任何你不想做的事。”我安慰着他，告诉他如果他感觉需要的话可以躲在他的房间里。然后我们都听到了熟悉的声音——小蹄子滴答响，正从楼梯上爬下来……查斯特刚刚发现了怎么样从客厅到楼下卧室来。

他的姜黄色小脑袋戳着门框。“查斯特！”山姆立即高兴起来。

查斯特用身子撞开了虚掩着的门，冲向床边。

“不要上……”

我还没来得及说完“床”，山姆已经把查斯特搂进了他怀里。奇怪的是，这次查斯特没有尖叫，就好像他知道山姆需要它的拥抱一样。

这时，威尔冲进了屋子，因为山姆的笑声只意味着一件事——小猪来了。他跑过来跳上了床，然后我们三个还有小猪抱在了一起。

不一会儿汤姆和丹也跑下楼来了，他们也想一起玩乐。我该离开了，客人们还有一个多小时就要来了，而我还有很多事要做。

服务员送来的食物令人惊叹，真是一场盛宴。有烟熏三文鱼、烤鸡腿、奶油五香蛋黄酱配冷盘鸡肉、香肠和各种你能想到的沙拉，应有尽有。

这天是一个梦幻般的乡村夏日。我们的花园色彩缤纷，稚菊点缀在郁郁葱葱的草地上，苹果树上布满了粉色的花朵，金银花攀爬在灰色的石墙上。

客人一个接一个过来了。家人和朋友们欢乐地交谈，我们的草坪上到处都是愉快的笑声，孩子们开心地玩耍着，在大人们中间穿来穿去。

我不确定是不是查斯特给了山姆面对人群的勇气，但是他最终和查斯特一起出现了。人群发出一阵整齐的“啊”声，每个人都看着我们可爱的小猪。

和山姆不同，查斯特很享受成为人们关注的焦点。它溜达到每个人的旁边，举起它的鼻子等待着抚摸。我很高兴地让查斯特自由发挥；它是那么乖巧的一只小猪，我知道我没有什么可担心的。

“你好！”我们的邻居亨利和利兹出现了。查斯特跑到他们身边朝他们打招呼。亨利抬起了眉毛，显然对查斯特友好的欢迎不太感冒，但是利兹很高兴得到小猪的关注。

接着魔术师来了。他在连接走廊和卧室的中庭前面搭好了台。孩子们聚在一起盘腿坐在草地上，盯着身着鲜艳绿色衬衫和扎着蝴蝶领结的魔术师。

我抓起了一瓶香槟酒，在人群中给大家添酒。看到戴伦和我妈妈在露台上聊天，我就去加入了他们。

“你们觉得怎么样？”我问他们，想知道他们对派对的看法。但他们却沉浸在魔术师的表演里，并没有回答我。我从露台的栏杆上看到他让一个钱包在火焰中上升，孩子们都惊讶地尖叫。山姆坐在孩子群里靠后的位置，也被魔术师的魔术惊呆了。

我俯瞰着花园里的一切。我看见孩子们，看见人们走来走去，交谈着以及去桌边添加食物，看见查斯特……它正趁我妹妹转身的时候吸走了她盘子里的食物。我就像看慢动作动画一样：

莎拉把手放到身后摸她的盘子，但是只摸到了查斯特。她大叫一声，查斯特拔腿跑了，还碰掉了她的酒杯。

“那只猪！”她尖叫着。

每个人都停下他们正在做的事，看看出了什么事。当他们发现查斯特是这件事的主角时，立马指着查斯特迸发出笑声。

“它难道不可爱吗？”我听到有人说。

派对的喧闹声又响了起来，我继续和母亲还有戴伦聊天。我时不时地望过栏杆看看我的孩子们是不是都好。

然后我愣了半天——我不能相信查斯特居然在狼吞虎咽草地上的盘子里的食物。它清理掉一个盘子后，又接着去吃掉另一个盘子里的食物，一个接一个。它简直就像扫雷一样掠过草地的盘子。然而，它并没有被忽视：一个接一个的客人发出惊讶和厌恶的尖叫声。

我得去控制情况——得快一点。

我跑下楼梯，伸开手臂，准备去抓这只小无赖。我不在乎它会不会在我抓它时尖叫了，至少比它把所有人的食物都吃掉要好。

查斯特看见我过来了。它拔腿就跑，穿过人们的腿。我尽量追着他。每个人都在笑，但是我不觉得有趣，虽然现在回想起来那时候肯定很滑稽，就像一个喜剧演员和一只迷你猪一起演小品一样。

山姆是那个拯救我的人。查斯特正准备再接着跑，却被山姆抓住了。

“山姆，抓住它！别让它跑了！”我大叫着，真高兴我的儿子帮了忙。

查斯特扭动得就像被网住的鱼一样，它的鼻子上全是蛋黄酱。我把这只淘气的小猪箍在我的手臂里，往屋门方向走。查斯特尖叫起来，它还想继续它的食物宴。山姆紧紧跟在我们身后，他想确保查斯特没事。

我得把查斯特关起来。客人们在客厅来来去去，于是我决定把他关到地下的卫生间去。

“山姆，能把查斯特的篮子拿给我吗？”我问跟着我的小影子。这样查斯特至少可以舒服地独自待着。

山姆两只手捧着篮子和查斯特最喜欢的玩具猪回来了。山姆能顾及查斯特的感受让我觉得很感动。但是我不相信我们的小猪自己就找不到乐子。于是我拿走了所有它可能会吃的东西，包括手纸和塑料垃圾桶。

“待好了！”我朝查斯特摆摆手。

它坐在地上，凄凉地望着我和山姆。我关门的时候有一点内疚。我不喜欢把它和欢闹的人群隔开，但是我觉得我没有其他的选择了。

“山姆，我们走。”我牵着儿子的手，轻轻地把他拉走。他不太愿意离开查斯特身边，我向他保证我们很快就会来看查斯特。

大概五十五分钟后，我回到洗手间去看查斯特怎么样。我想它可能已经在赤陶地板砖上的篮子里睡着了。

但是查斯特没有睡着。它坐在洗手间的地板上，看上去就像有一个墙纸纸条做的斗篷搭在它毛茸茸的背后一样，这些纸条看着就像超级长的发绺。

我简直不敢相信。它居然用它的尖牙把墙根的墙纸咬住拉开，从墙上撕下来，扔在自己头上。它把从洗手池到马桶的整个墙纸都撕下来了，而洗手间的墙纸是昂贵的酒红色和奶油色花纹图案的墙纸。

“查斯特！”我用我最大的音量惊叫。

谁，我？它抬头笑着看我。

真是一幅滑稽的景象。如果我不是那么生气的话，我也许会觉得很有趣。

“出了什么事？”戴伦喘着气，他听到我的叫声，从花园的另一边跑过来了。

山姆也听到了——他的耳朵永远听着任何和查斯特有关的事。山姆、戴伦和我都看着查斯特，而它高兴地朝我们咧嘴笑。

“它做了这些来报复我们。”如果不是山姆在的话，我可能会说出更严厉的话，“它不喜欢被关起来，所以它拿墙纸来报复了。我们现在该怎么办？”

显然我目前最大的担忧就是房东。戴伦像往常一样稳重和让人安心。他让我把查斯特身上的墙纸条都收起来，向我保证他之后会自己动手把墙纸贴好。他简直有圣人一般的冷静。

山姆却觉得整件事很可笑。他整个身子都因为笑而颤抖。

“把这只猪带出去，马上！”我命令道。客人们都吃完了，所以现在放它在花园去是安全的，比让它在洗手间里要安全——谁知道它下一件要损坏的东西是什么。

“查斯特，查斯特！”山姆拍着他的腿，想引起查斯特的注意。小猪就像一只听话的狗跟着他走了出去。

我走进阳光里面对一张张困惑的脸——每个人都听到了我的尖叫声，疑惑到底出了什么事。

“查斯特把我们楼下卫生间里的墙纸撕下来了。”人群中出现抽气声和压抑的窃笑声，然后一群家人和朋友都站出来希望亲自查看损坏的情况。

“你还记得在彭尼维尔农场的时候他们说的吗？”妈妈问我。我摇摇头，不知道她具体指什么。“默里先生说当猪淘气的时候你必须在它鼻子上拍一下”，她说，“注意不要太重，轻轻地拍一下就行。”

这是因为猪的鼻子很灵敏，所以它们用鼻子指引它们的行为而不是用眼睛。查斯特在这次聚会里绝对是被鼻子控制着……我现在想。

说实话，我已经忘了拍鼻子这一招了。我考虑着母亲说的话。如果下一次需要训诫查斯特的话也许我会试着那么做，但是我相信那只是一个“如果”。查斯特一直都表现很好，所以我坚信这一次的墙纸事件只会是一次性的事故。

那个晚上我们的屋子都满员了，所有的卧室和房间都给家人和朋友们过夜了。查斯特表现得完美无缺，它要么在谁的膝盖上打盹，要么在它最爱的绿色沙发上睡觉，或者肚子朝上毫无遮挡地平躺在波斯地毯上。山姆和查斯特都太累了，到了就寝的时候，我发现他俩一起躺在餐桌下面的“巢穴”里，山姆的手臂搂着他的猪保护着它。看着他俩平静地躺在一起，很容易就忘了白天的那些鸡飞狗跳的事。

第二天的早餐也有一点混乱，有太多人要吃饭，还有很多清洁工作要做。查斯特在露台旁边的门口等着开门，这样它就可以出去尿尿。

“去吧。”我把门推开一些。查斯特从我腿间跑去露台，跑下台阶。（从前对它来说这是一个障碍，但是现在它已经掌握了。）我有太多事要做，所以我完全忘记了它，直到山姆提醒我。

“查斯特到哪里去了？”山姆担心地皱起眉。

我的母亲一边忙着洗碗，一边告诉山姆不要担心。但是山姆没法忍受长时间看不到查斯特，所以他自己找小猪去了。威尔、汤姆和丹都跟着他，因为他们嗅到了一丝冒险的气息。

两分钟之后，我听到了洪亮的笑声从露台传来。我瞥了一眼，发现四个男孩都弯着腰。我手里拿着一堆盘子和碗，往厨房走的途中，伸出头到门外看，是什么那么好笑。

“妈妈，看查斯特在做什么。”威尔指着尼尔和布伦达的花园。

在远处，鸡舍的旁边，有一个橙色的斑点。我眯起眼睛盯着看，发现那就是查斯特，它的头埋着……

“噢，我的天哪！”我差一点把盘子摔在地上。查斯特在偷吃我们邻居家的鸡食。

我全速跑下楼梯，跑过通往鸡舍的桥和小山坡。其间我一直回头看尼尔和布伦达的谷仓屋，希望他们不要看到我。他们为他们的花园感到骄傲，我想他们不会希望看到我在他们的花园里，更别说还有一只贪婪的小猪了。我也对不得不去他们的地方抓我的猪而感到歉疚。

这马上就会结束的，我一边朝查斯特和鸡跑去一边想。但是窝火的事还在前面等着我。它看我过来了，马上在嘴里含了一大口鸡饲料。我可以听到它鼻子的哼唧声，它的脸颊全部被鸡饲料填满。它不停地回头看我和它距离还有多远，一边大口吞进更多食物。

“你，给我过来！”我跑过去抓它，但是它朝着另一个方向噌地跑了，那边有邻居的蹦床。查斯特知道，如果它躲在蹦床底下，我没法抓它。

“你这个小东西……”我轻声咒骂。我不得不趴下来，爬到蹦床底下去抓他。

“查斯特！”我小声朝它警告，希望不要惊扰到邻居，我肚子贴着地在草地上扭动着。查斯特舔着它的嘴，嘲笑我。我伸出左手扫过去，然后是右手，它左挡右躲，我的手每次都离它只有几英寸。我往前蠕动了一点，然后决定这一次只有一件事要做——我要伏击它。

我完全躺下不动，直到查斯特想起来它还有一嘴的食物需要吞下去。一看到它分神，我就突然往前一冲。

“抓住你了！”我紧紧搂着它扭动的身体。当然，我一碰到它，它马上就开始了尖叫，就像我开了汽车警报一样。我知道我得在邻居看见我们之前马上把它弄出去。我从蹦床底下倒着爬出来，屁股朝天，查斯特被夹在手臂底下。爬出来后我马上跑出花园，跑过溪流，而查斯特一路上都在尖叫。我感觉自己就像从市场上偷了一只猪回来。

等我安全回到我们的花园时，我的全部家人都在露台上看发生了什么事。他们已经笑得直不起腰来了。山姆几乎是笑到哭了出来。我突然明白了，查斯特越淘气，山姆就越高兴。

于是我陷入左右为难的境地。我是该束缚查斯特的行为以使我保持安宁，还是该让查斯特为所欲为以使山姆高兴呢？

我感觉我可能没有多少可选的了……

15
教师的宠物

查斯特只要尝到了“好东西”的味道，就很难让它戒掉了。我数不清有多少次到邻居家的花园里把它拎回来了。有时候甚至一天要去好几次。我常常蹑手蹑脚地穿过桥，走过苹果树，越过漫步的鸭子，来到鸡舍。这条路我经常走，查斯特也经常走。

有时查斯特逃跑的时候，尼尔和布伦达也在他们的花园里。

“我实在很抱歉。”我一边到处追着我们的淘气小猪，一边朝他们道歉。“查斯特，过来这边。”我会生气地说。我常常觉得两颊因为尴尬而烧得通红。尼尔会抱怨说查斯特把他的鸡饲料都偷吃了，而布伦达会帮我抓那只小恶魔。

问题是，我必须把屋子的后门开着让查斯特自己出去上厕所。即使我关着我们花园边上的大门，查斯特也能像魔术师哈里·胡迪尼一样，缩平自己的肚子从下面挤出去。这整件事让我倍感压力。

只有一个解决办法：我必须自己动手加固大门，阻止查斯特再溜出去。戴伦已经回里约热内卢去了，所以我必须自己解决。有一天去学校接孩子们回家之前，我绕道去了一趟城里的自助手工工具超市。我抓着一辆购物车，穿过入口的十字转门，然后瞪着眼前一排排通道茫然无措。卖的东西从锤子、钉子一直到用来固定灯饰的夹具都有。我都不知道到底该从哪里开始逛。

我之前从来没做过类似的事。戴伦是个动手做这类事的行家。买查斯特的时候我从来没想过自己会需要加固花园以防止它逃出去。我在货架上寻找着铁丝网、束线，还有任何我能想到的阻止它逃出去的东西。我结账之后手里全是东西，但是我的良心得到了安抚——至少我在做自己该做的事，阻止查斯特离开我们的花园。

我接孩子们回家的时候告诉了他们我的计划。山姆不再盯着窗外，专心地听着——任何和查斯特有关的事都会引起他的注意。

“你们如果愿意的话可以帮我。”我一边说，一边从后视镜看他们的反应。威尔立马拍手叫好。

那是周一下午的四点钟，我们开始修围栏了。我需要把整个大门底下空的部分都堵上，这样查斯特就没有办法从底下挤出去了。我把小“哈里·胡迪尼”关进客厅——这次我不需要它的参与。我仔细挑选了一个白色的塑料栅格，洞小到连兔子也钻不进去。威尔递给我束线，山姆则在我上下调整的时候稳住围栏。

我知道山姆想做和查斯特有关的任何事，但是因为他的肌肉运动能力太差了，他很难完成他的任务。

“啊！！”山姆大吼，为每次都抓不住围栏而沮丧。

“山姆，没关系。”我试着安慰他。

但是他根本听不进去。就像他画画那样，如果没看到围栏完全竖直他不会愿意停下来。他倾斜着头，眼睛和木栅栏对齐。

“不行！”他开始打自己的脸，为他的身体没法做到而惩罚自己。

这次我很迅速，在他还没伤害到自己之前就知道我该做什么。我用双臂搂住他，把他的手锁在他的两侧。忽然希望没把查斯特关起来，因为总能让山姆冷静下来。

“乖，没事。”我轻轻地拍着他，用我紧紧的拥抱安慰他。威尔低着头，他没法忍受看着他的哥哥伤害自己。大部分孩子在感觉到危险的时候都会跑得远远的，特别是如果之前承受过山姆的暴力，像威尔这样。但是现在，威尔用他的手臂抱住了哥哥的背，模仿着我的动作，我们把山姆整个锁在了家人的怀抱中。

这正是山姆需要的良药，我们帮助他冷静下来。他停止了攻击，接受我和他的弟弟对他的安抚。但是，不只是山姆的情绪变坏了，天也开始黑了。看上去似乎有一场暴风雨正在酝酿中。但是我既然开始了就要把它做完——放弃不是我的天性。我希望能让所有在邻居那里发生的闹剧都结束。

我带孩子们进屋去，穿上我的雨衣，然后又出门来。我拿出戴伦的卷尺，把塑料栅栏裁剪成合适的大小。

一声响亮的雷声在头上响起。

接着，我要用束带把栅栏接到门上去。束带必须束紧，这样查斯特就不能闯过去了。

大雨开始倾盆而下。我没有理会。雨顺着我的脸颊流下，从我鼻子上滴下来，但是我的心思全放在用锤子把栅栏的边角都固定好上。当我蹒跚着站起来时，感觉就像已经过了几个小时，而我获得了巨大的成就感。我望着客厅的窗户——有两双闪烁着的眼睛正看着我。儿子们都看着我雨中的英勇行为。我手舞足蹈庆祝了一下我的胜利，然后赶紧跑进门。我全身都湿透了，但是至少今晚我可以好好休息，因为我已经把事情解决了。

接下来的一周我们完美的小猪又回来了。查斯特没有犯错，邻居也没有再抱怨了。然后，有一天我和戴伦打电话，兴奋地告诉他我自己动手把事情解决了。就在这时，我眼角瞥见了什么。

“等一分钟！”我惊叫道，拿着手机穿过客厅。这间房间的角落里有一个书架，放着我最爱的读物。里面的每一本书对于我来说都意义重大，它们是我从西班牙带过来的。我现在瞪着这些我珍爱的书里其中的三本，它们全部都被咬了——到处都是查斯特的印记。

“那只猪！”我愤怒地大吼。可怜的戴伦或许不得不把电话拿得离耳朵远一点。

“出了什么事？”他试着问我，但是我忙着检查被咬的书，没法回答他。查斯特在书脊上啃了一口，还咬掉了一大块书的封面。我可怜的书!

我告诉戴伦，这只猪又把我惹毛了。戴伦笑开了，就像往常一样看到了这件事有趣的一面。他接着和我分享了一系列怀旧故事。他小时候常在约克郡，他的宠物小狗查理，把他爸爸和妈妈的餐桌腿咬坏了，然后还咬坏了椅子。戴伦显然认为查斯特的行为就像一只淘气的小狗，长大了就没事了，但是我没有他那么乐观。我对我们的“狗一样的猪”有不好的预感，我觉得这可能不会只是一个阶段性行为。

我猜对了。东西被咬的情况出现得越来越频繁，也越来越严重。每天早上我起来，都会发现有新的东西被咬到只剩下残渣。它把它的窝咬成了碎片——被它咬得已经连一块完好的布都不剩了，只有里面的填充物和绒毛被弄得到处都是。它用它的鼻子做杠杆，撬翻它的碗，我已经数不清从地上把它的猪食捡起来多少次了。它偷偷溜进我的卧室，把垃圾桶里所有东西都弄出来，于是我的地毯上全部是垃圾碎纸。它做的坏事一件接着一件。我刚转过身一秒钟，它可能就会又弄坏什么。就像有一个小孩子在屋里一样。

查斯特的毁坏行为不仅局限在屋子里，它最喜欢的消遣是把洗干净的衣服从晾衣绳上拉下来，扔在地上，在上面打滚。有一天，它把我妈妈最好的白色花边睡衣弄下来裹在了它的头上。然后它接下来半小时都在花园里到处跑来跑去，就像一只猪新娘子。孩子们在楼上窗户边哈哈大笑——不仅仅是因为看见查斯特，还因为他们外婆发出了恐怖的尖叫。

当然，它破坏的东西越多，山姆就笑得越厉害。但是我的压力与日俱增。我很害怕查斯特会把注意力转移到房东的家具上——那样我们就真的有麻烦了。

我的母亲对于这件事自有她的理论。她认为查斯特只是因为闲得没事做才这样。“它是个聪明的小东西，它很容易感到无聊，所以它就开始咬东西了。”

如果真的是这样，那我该怎么解决呢？我没法扔给它一根骨头——它并不是一只狗。

我求助于谷歌，问它怎样能让一只迷你猪保持开心。我震惊地看到许多行为不端的猪的恐怖故事。它们不是好的兆头。有一个网站上写道：“猪是社会动物，喜欢和养主互动；给它们玩具玩能让它们在屋内有事做；猪会为了得到它们想要的而哄骗人，所以要记住和你的宠物设立底线；猪和狗很像，猪群里猪也有等级，所以让你自己成为领导是很重要的。”

我需要设立更多的底线。我得让查斯特知道谁说了算。

“不行，查斯特！”当天，在它第无数次打翻碗里的食物后，我朝它摇手指。它抬起头笑着看我，一点内疚的迹象都没有。它接着跑到客厅的另一边一头跳进了沙发。我终于知道，“猪一样顽固”这个说法是有根据的——因为猪真是相当固执，如果查斯特想做什么，我们怎么都没法阻止它。

我开始重新考虑，要不要答应琳达的建议，让CAIRB的学生来见查斯特。我可以想象到，它会多么淘气，而我们家整个早上都会陷入混乱中。

我告诉了琳达，查斯特现在已经变成一个无赖了。当然，她也觉得这整件事很好笑。她很同情我，但是她认为查斯特一定做对了什么，因为她可以看出山姆在过去几周内的转变。

琳达透露，山姆终于开始和孩子们说查斯特了。他骄傲地说起他的宠物。“我的猪”——每次琳达在班里提到我们的袖珍猪，他都会拍着自己的胸脯这样说。查斯特给了山姆自信，也帮助了他说话。他现在可以把六七个词连在一起说出来，相比他刚进庄园小学的时候无疑有了巨大的进步。

“这就是为什么我建议让孩子们见查斯特。”她解释说。

因为查斯特不仅在帮助山姆从他的壳里走出来，它也把CAIRB的孩子们联系在了一起——查斯特似乎是大家的黏合剂。

这是在夏季学期的中期，孩子们会在早上十点左右到我们家，于是我有足够的时间在我把孩子们送到学校后做好一个柠檬蛋糕。同时，我还有机会把查斯特打扮整齐。我不能让它在山姆的重要日子里显得邋遢。我成功用猪食贿赂它坐了几分钟不动，我用给狗梳毛的梳子梳理它厚厚的姜黄色毛发。

“你今天要做一只好猪。”我警告它。

查斯特给了我一个它惯常的笑容，然后赶紧跑去了花园。

我没意识到我因为山姆对这次访问有多焦虑，直到琳达和助教们的车开到了院子里。我的胃都揪紧了。山姆会向大家展示查斯特，而我担心他在众人焦点下会有怎样的反应。他准备好了吗?

“你们好！”我朝孩子们打招呼，他们在助教的帮助下从车里出来了。所有的七个CAIRB学生都来了——六个男孩和一个叫米娅的女孩。我注意到的第一件事是这些孩子得到了很多帮助。三个助教都跟着来了——几乎是一个助教对两个孩子。山姆在西班牙得到的照顾和这简直相去甚远。看到有那么多的爱和专注倾注在他们身上，我感到由衷的喜悦。

山姆是这群孩子中的领头人——他激动地拍打手臂，领着孩子们朝花园走。他们排成一条整齐的队伍，看上去十分可爱。作为一个想要保护孩子的母亲，我不希望山姆受到伤害，想要确保他没问题，但是我提醒自己，这是山姆的舞台，我现在不能去干预。

但是我不需要担心，因为查斯特在他身边照看着他。这只姜黄色的小猪正在门口等着它最好的朋友，它摇着尾巴，发出快乐的哼声。我害怕我一开门，查斯特就会跑去邻居家的花园。它一定很想念鸡饲料！我朝那边挪了一下，准备一旦看见麻烦出现就赶紧扑过去。

但是查斯特没有一点逃跑的迹象：它显然更喜欢得到大家的关注。孩子们围过来抚摸它，它站着一动不动，就像一只正在演出的小马一样。我不得不佩服它——查斯特是一个优秀的演员——这样正好，我买了几篮葡萄，山姆可以展示他教会查斯特的那些技巧。

“你太棒了！”琳达温柔地对我们的小猪说。

如果她昨天晚上看到它把我垃圾箱里的东西都扔到地板上，她一定不会这么说。查斯特就是这样——它看上去太人畜无害，所以你很难对它长时间生气。

我想问山姆，想不想给孩子们展示让查斯特坐下，但是他已经先我一步。没有提示，没有鼓励，山姆已经拿了一把葡萄，叫查斯特过去。

琳达和助教让学生们聚拢来，围成一个半圆。所有的目光都注视着山姆和查斯特。

我的心提到了嗓子眼：我知道山姆一定感觉到了每个人的目光，我很担心他会讨厌成为被关注的焦点，没法应对。我很担心他会对自己发脾气。

我在等着炸弹爆炸。

但是我担心的并没有出现，山姆应对得很好。

“坐下，查斯特！”他拿出一颗葡萄。就像一只狗一样，查斯特听主人的话坐下了。

山姆倒退了五步，拿起另一颗葡萄。“这里，查斯特。”他召唤他的朋友过去。查斯特摇着尾巴听从了山姆的命令。

我的心溢满了幸福。我的儿子，一直讨厌成为别人的焦点，但是此时有了足够的信心在他的同龄人面前展示查斯特能做的事。我真为他自豪。山姆从一个孤独悲伤、几乎一语不发的孩子转变成了一个能自信地发出指令、指示方向的孩子。

而且他不是唯一被改变的。查斯特一夜之间从淘气的小猪变成了举止得体的小猪，查斯特就像知道山姆需要它的帮助似的，它不会在这样重要的一天里让它的朋友失望。我也突然明白了，山姆在借查斯特练习和其他孩子交流的方式。是查斯特给了他信心，让他找到自己想说的词，理清他想说的句子。这真是太不可思议了。

我最初买来查斯特是因为我认为它可以提高山姆的情绪。我从来没有奢望过它可以帮助山姆说话和交朋友。

我说的“朋友”，是笼统的说法。山姆不会像威尔和他的同学那样，和其他孩子一起踢球。但是他在和他们交流，想要展示查斯特，意味着他在乎他们的看法。

他也允许其他孩子试着教查斯特一些把戏。我知道这对他来说很不容易，因为查斯特是他的猪，而山姆并不善于分享。虽然我的儿子已经学会了和他的弟弟轮流与查斯特玩，但也仅此而已，所以现在这是他成长中的一个巨大飞跃。

因为很清楚孩子们的需求，琳达知道什么时候该让孩子们休息，把他们聚在一起吃饭。我已经把食物摆放在白色的桌子上了，有柠檬蛋糕、三明治、橘子汁和柠檬汁。

这是一个美好的时刻。孩子们坐在一起像一家人一样。琳达拿出她的相机，开始拍照。她说她要为今天做一本图画书，让孩子们看见就能回忆起来。

同时，查斯特翻遍了他们脚下，希望找到些残羹剩饭。看到它没有完全改变也让我放心。它一边发出呼噜声，一边穿过孩子们悬着的腿。偶尔你能听到一声短叫，因为它粗糙的毛发接触到孩子们的皮肤弄痒了他们。它一副“可怜可怜饿扁了的我”的样子讨来了吃的，一个男孩扔给了它蛋糕的一角。

查斯特瞬间把草地上的食物吸进了它嘴里，连渣滓都不剩。它抬着它的鼻子，看是不是还有其他的食物给它。

不知是不是因为米娅是里面唯一的女生，所以她比较害羞，她比起其他孩子更不愿意交流。她把自己的脸藏在她棕色的长发后面，有几缕垂在眼睛前面，遮住了她可爱的面容。她的表情让我想起了山姆画画的时候——她全神贯注地仔细切蛋糕，把糖霜舀出来，留下海绵蛋糕放在一边。米娅是一个小不点，比其他孩子个头小很多。她看起来很脆弱，让你想把她拥进怀里，保护她不被这个世界伤害。

留意到她的人并不只是我。

我注意到山姆一直在看米娅，看她是不是一切都好。他会往她那边看，然后移开视线，然后又看看她。他真是太体贴了，就像不久前他感受到了班里同学的失落，他也知道米娅需要别人为她鼓鼓劲，让她高兴起来。

山姆放下了食物，从椅子上站起来。我惊讶地看着他小心翼翼地走到米娅的旁边。

我完全没有预料到山姆接下来做的事。

首先，他把查斯特叫到他的身边去。令人难以置信的是，小猪停下了它正在做的事（搜寻残羹剩饭），走到了山姆身边。

他接着牵起了米娅的手，在查斯特的护送下带她去了苹果树旁。看着他们三个排成一排走过草地真是一道可爱的风景。

就像山姆曾经用他的画为班里的男孩打气一样，他现在希望他的小猪给米娅带来笑容。山姆用了他唯一知道的办法——让查斯特表演把戏。

“坐下，查斯特。”他命令道。

查斯特又一次表现得很好。它完全按照山姆的指示完成动作。整个花园里飘荡着蛋糕和食物的香味，但是它没有被影响。

当查斯特表演太空步的时候，米娅终于笑出声来。

任务完成了！尽管山姆不会说，但是我知道他很开心，能让米娅笑起来。琳达偷偷溜到了我身后，她拍下了这个神奇的瞬间，将来放进故事书里。

“我告诉过你山姆的同情心是最强的。”琳达自豪地说，就像山姆是她的儿子一样。我想，当你为帮助孩子们付出很多的关心和爱时，你不得不全身心投入，为他们喜为他们忧。我不知道琳达是怎么做到的——她有着非凡的热情和百分之百的投入。

孩子们该和查斯特说再见了。山姆坚持陪着米娅到车边。当他们走过阳光斑驳的草地时，山姆一只胳膊搂着米娅——这是山姆告诉米娅他在乎她的方式。我想象不到比今天更完美的一天了。我之前那些担心都是多余的，他不仅应对得很好，而且光芒四射。

美丽的天气持续到了傍晚。我的计划是给儿子们洗澡，然后在露台一边喝一杯一边看夕阳落山。查斯特也一直表现得很好。即使花园的门一直大开着，它也只对山姆在做什么更感兴趣。山姆从学校回家以后，这一对朋友就在餐桌底下安营扎寨共度好时光。

“威尔，山姆，洗澡的时间到了！”我朝楼上喊道。我在浴池里装了一半水，还有肥皂液。我听见儿子们熟悉的脚步声，然后是查斯特轻一些的蹄子声。

“不，它不能和你们一起洗澡！”他们还没问，我就宣布道。我必须划定界限。

查斯特用渴望的眼神看着山姆和威尔跳进充满肥皂泡的水里，它真是学会了扮演出这副渴求的样子。我猜它可能想起了它们一起在充气水池里洗澡的那天——猪的记忆力很好。

“好了，谁想先洗头？”我问。我朝小猪背转过身，挤了一些洗发露在手上。我把洗发露揉进儿子们的头发里，我注意到他们的头发已经从原来的金色变成了现在的深棕色——他们的西班牙血统显现了。这也提醒了我他们正在长大：山姆到冬天就七岁了，威尔在夏天结束时就五岁了。

在我踮着脚，伸手去拿淋浴喷头给他们冲洗泡沫的时候，我的余光看见了什么？一抹姜黄色从洗手间窗户嗖地钻了出去！我伸着脖子看查斯特跑到哪里去了。

“哦，你这个小混蛋……”我轻声咒骂。

查斯特在用它的鼻子顶栅栏里的洞，栅栏是我刚花了大力气修好的。

“别动！”我告诉儿子们，然后放下所有东西去抓查斯特。

它看见了我。它朝后张望着，发出哼唧声，用它的鼻子把栅栏又铲起来一点，然后又回头看我离它多远。

“过来，查斯特！”我叫喊道。它先前那么听山姆的话——所以它一定会听我的话？

但是查斯特有它自己的主意。它放平身子，扭动着身体钻出了它刚凿开的洞。不用想它要往哪里跑！它穿过桥，钻过大门，走过鸭群，路过苹果树，然后直奔尼尔和布伦达的鸡舍。

现在轮到我一边跑一边不停回头看，希望邻居不要看到我又在他们的花园里。因为鸡饲料的事我们已经有了些过节，我绝对不希望他们再对我有意见。

查斯特又和我玩起了猫捉老鼠的游戏。它吞了一嘴的食物，然后在我走近抓它之前又跑开。奇迹般地，这次我在鸡舍旁边就抓住了它，没让它跑去蹦床底下。我把它带回家的时候它尖叫着抗议。我还要回去给孩子们洗澡呢，我想，我可没时间和你玩！天知道它这次都吃了多少东西，我把它关进房间的时候它还在用力嚼嘴里的食物。

“我对你很生气，查斯特！”我吼着。

它用无辜的眼神看着我，还一边嚼着食物。

我急忙赶回孩子们那儿。我现在热得汗流浃背，汗水不停从我的眉毛往下流。

我把卫生间门推开的瞬间就被一股肥皂水击中。卫生间里到处都是水。看来在我追查斯特的时候，孩子们在打水仗，而且玩得很痛快，所以整个卫生间的地板都是水。

他们一起看着我，眨着眼睛，全然无辜的样子。

我只能和我的傍晚放松计划说再见了。我拖着步子到楼上去取拖布和桶。

但是我要处理的问题并不只是“三个”孩子的淘气行为。我们不久后就面临了一个新的挑战——查斯特越长越大。

16
育肥的猪

彭尼维尔农场有足够的理由认为，我们的小猪只会长到英国小猎犬的大小。因为默里先生给我看过查斯特的爸爸和妈妈。

但是到了2009年8月，农场的断言成了天方夜谭，因为查斯特已经长到圣伯纳犬的体型了！它轻易地长到了我们刚买它的时候的体型的五倍，而我们买它是在春天的时候。实际上，它现在看着更像一只正常大小的猪，而不是一只迷你猪。

我妈妈是第一个开口质问的人——她终于从西班牙搬过来了，住在我们房子里；原本的计划是她去找她自己住的房子，但是没有找到合适的住处。因为戴伦和我希望她赶紧搬来英国，于是我们建议她先住在我们的客房里，直到她看到市场上有合适的房子。而且她住在德文郡在当地找房子会更容易。对于孩子们来说，外祖母和他们住在一起是一件乐事，我也很高兴母亲在我身边。而母亲也非常开心能和孩子们还有我住在一起。另外我认为这和查斯特也有很大关系——她简直爱死它了。然而，有一天她向我说，它已经不再是我们从农场里带回来的那个小可爱了。

“乔，亲爱的，我觉得有点不对劲。”查斯特正摊开四肢躺在沙发上午睡。我挠着头，想着它是怎么从只占四分之一沙发长到占四分之三沙发的。它在七月和八月长得飞快，现在已经有一米长了。

“我确定它不会再长大了。”我试着安慰母亲和我自己。

但是妈妈不是唯一一个注意到查斯特越长越大的人，我们的邻居也对它颇有微词。

“大猪。”亨利这样评论。有一天早上他路过我们花园的时候一边张开双臂示意一边说。我紧张地笑了一下。

但是孩子们一点也不在意。他们能给大一点的猪更大的拥抱。查斯特并没有因为长大而表现得有所不同。它仍然喜欢跟着山姆，晚上想跳到孩子们的床上，常常跳上沙发，躺在火边休息，和山姆一起藏在餐桌底下。查斯特表现得好像它自己还很小，它的行为原本也惹人喜爱——可是它带来了一系列新的问题。

不承认它是“大猪”，还以为它是小猪，意味着我最爱的爱必居沙发被损坏得越来越严重。沙发底部因为它的重量垮塌了，所以现在陷下去就像一个吊床一样。如果我们都在屋子里看电视，我们中得有一个坐在地板的垫子上，因为查斯特需要坐沙发。不过，有时候它会躺在我们的脚边，我们可以用它的大肚子作脚凳。（我们也会用“不求人”挠它的大肚子。）查斯特喜爱以任何形式被大家关注。它最喜欢的一个把戏是，在我晾衣服时跟着我，用它的屁股蹭我的腿，就好像我是一个树桩，它在我身上挠痒痒一样。它也对山姆这么做，去蹭山姆的长筒雨靴，它很开心。它会一直蹭，直到它屁股的重量把山姆推倒在地，这时山姆会爆发出一阵大笑，于是查斯特又再次做同样的事。

我们的猪越长越大，也意味着它任何淘气的行为都会造成更大的损坏——它现在已经不仅能推翻狗碗了。有一天，我走进客厅，发现房东漂亮的皮制软垫沙发被掀翻在地，而查斯特在刚露出来的地毯上吸着面包屑。我永远也不会忘了那天。

“查斯特！”我用我最严厉的声音警告它，我确实很生气。但是查斯特似乎并没有理解我说话的音调——它只是高兴地看着我，摇着尾巴发出呼噜声。

“马上给我出去！”我指着门。

它看看花园，又再看向我，显然在权衡它该选哪一个。它不打算放弃找食物的机会，所以它无视了我明显的不高兴，继续在地毯上闻着找吃的。这只猪……

但是要对查斯特一直发脾气是很困难的：不论你遇到什么事，看着它的笑脸你就忘了。

琳达也被查斯特的笑容感染了。这正是她帮助山姆所需要的东西。

琳达的主要目标之一是教会山姆观察情绪。尽管山姆已经明显有了共情能力，但是他仍然很难读懂别人是高兴还是悲伤。琳达想出了一个绝妙的主意帮助山姆克服这个困难——用查斯特的脸来给山姆解释高兴是什么样的。她为山姆集结了一本相册，里面有各种表情，例如高兴、伤心、惊讶、生气、疲惫等。第一张照片就是查斯特的大笑脸，下面写着“高兴”两个字。我只要打开这本相册，看到我们不太小的小猪可爱的笑脸，就觉得很高兴。这个方法可能不太符合常理，但是却有效。因为山姆爱查斯特，所以他记住了它的笑脸是什么样，然后每当我笑的时候，他就会大声说："妈妈，你很高兴！"说实话，在查斯特把家具推翻之后，我的笑脸并不常见……"愤怒和恼火"的脸才是经常能见到的。

问题马上就来了。查斯特已经长得太大，自己没法上露台了，也不能再在室内的楼梯走动。它的蹄子太短身子太大，所以走上楼梯三分之二处的时候，它的重心就会偏移，然后会往后滚下来。它下楼的时候也是一样，到楼梯底下的时候，它的重量就会使它滚下最后几级台阶。它太想跟着山姆，所以会一直尝试，摔倒，再尝试。它这样让人很心碎。它既聪明又固执，所以它不仅不听劝告不肯放弃，而且还尝试了各种技巧。它甚至尝试了助跑。它常常若无其事地在楼下徘徊，然后突然一下转弯沿着走廊跑过去，发出呼噜声。当它冲向楼梯的时候，它的蹄子踩在瓷砖上的声音在屋里回响，速度快到它经过时屋里的窗帘都飞了起来。

"加油，查斯特！"孩子们一边喊一边在楼梯的平台上上蹦下跳，鼓励它冲过终点。

我记得很清楚，有一次它尝试这个技巧，它冲过它的"跑道"，飞奔上楼梯，就像要争夺金牌一样。霎时间，我以为它就要成功了。

但是它嘭的一声摔倒了，而在它摔下来时，我没考虑就跑到了楼梯下面。

咚！

查斯特着陆前我为它缓冲时感觉到了它全身的重量。如果说它看上去长大了还不足以敲响我的警钟的话，感受到它重量的变化确实让我无法再回避了。我不疼，但是我确实被挤得够呛。

在我撣掉身上的灰尘，整理我的头发时，查斯特又准备冲刺了。它想要打破重力作用的决心是那么强烈，于是它又冲上去，但是又再一次失败了。看着它这样，我非常难受，我不能再让它继续了，看它这样受折磨对于它和孩子们来说都不公平。

家里唯一能大到挡住楼梯的只有楼下卧室的镜子。我很快把它放置好。我多少还希望查斯特看到它自己的镜像会觉得好玩，同时我会想一个长期的解决方案——事情已经变得这么滑稽了。谢天谢地，镜子起了作用，我们再也没有看到猪飞的情形。

妈妈很担心查斯特是否开心，因为它现在上不了楼梯了。因此，她建议让查斯特睡在她的卧室旁边。这看起来确实是个好办法。妈妈的客房和其他卧室一样在一楼，但是她的房间和主屋中间有一个方形平台，平台后面就是前门，门一直通向天井。这个平台就是查斯特可以睡觉的地方。这样查斯特就可以睡在一楼，在它想上厕所时自由地走出房子，而且还有我妈妈的陪伴。

那个晚上，孩子们帮助我把它的玩具和狗篮子（这已经是它第三个狗篮子了，前两个都被它咬坏了）搬过来。妈妈则宠爱着她的新邻居，挠它的耳朵，揉它的肚子。

查斯特在它的新家似乎很开心。尽管它不在山姆的房间旁边（我们用之前挡住楼梯的大镜子把平台和主屋隔开了），比起它睡在我们楼上的时候，它现在和家人离得更近了。猪有很灵敏的嗅觉，所以它也许闻到了它最好的朋友的味道，让它整晚安心地躺在它的篮子里。

“你确定让它待在这儿没事吗？”我在上床之前再次询问母亲。毕竟，她没有见证过它之前大部分顽皮的举动。

“我？我没问题。它那么乖，会有什么问题？”妈妈微笑着说。我们都看着查斯特，它正坐在自己的篮子里，咧着嘴笑，脸上是它典型的无辜表情。

妈妈是对的——在这里查斯特没法爬上、爬下或钻进任何地方。只有它和它的狗篮子，还有通往一面玻璃墙的走廊。当然，它可以把它的篮子咬成碎片，但是我早就已经准备好再买好几个篮子了。这是为大家带来欢乐和为山姆施展改变他人生魔法的一个小代价。

“晚安，妈妈。”我给了她一个吻。

“晚安，亲爱的。晚安，查斯特。”她穿着睡衣和拖鞋，慢慢走进她的房间。查斯特在篮子里转来转去，然后才安定下来入睡，就像狗一样。

房间安静下来，但是不知道为什么我还没能入睡。

我睡不着是因为我担心查斯特能不能在它的新“卧室”里入睡。那里会不会太冷了？早上穿过玻璃的阳光会不会太强？

是的，我正忙着担心一只猪。

但是我想我知道原因。自从查斯特进入我们的生活之后，一直笼罩着我的忧郁慢慢消散了。它为我们全家人注入了幸福、欢笑和光亮。我觉得有查斯特在身边我成了更幸福的人。虽然它有时候也会让我焦虑，但是它带来的好远远超过了坏。我向自己保证，我早上还要再去关心它，让它真正知道我们都爱它。

我真的变得温柔了。

清晨，闹钟一响，我做的第一件事就是去看查斯特，然后才为孩子们做早餐。我忧心地望着镜子，想着可能会看到打翻的狗碗，或者狗篮子的碎片到处都是。但是，我不敢相信——屋子干干净净。查斯特正在前门等着开门去草坪。

但是，到处都没看见妈妈，而她一般都起得很早。她一直到早上十点我送孩子们回来后才出现。我泡了一壶茶，想和她谈谈心，聊聊她从西班牙搬过来的感受。考虑到她离开了她的朋友们，我希望能确认她从西班牙搬过来之后过得开心。我的妹妹也计划不久要搬到英国来，和他的儿子还有男朋友西蒙搬去威尔特郡。但是在这期间，妈妈一定很想念他们，更别说她在西班牙的朋友了。还有天气，英格兰一点都没有地中海的温暖湿热。

“我很好，亲爱的。”她忍住哈欠说。

“你确定吗？”我问道，感觉她有点累了，也许搬家让她累坏了。

“别担心了。”她挥挥手制止了我的担忧，然后她喝了口茶。

母亲把话题转向了我和戴伦。她问我们怎么样，以及我是不是开心。

“我很幸福。”我羞涩地笑着承认，在掌间转动着温热的杯子。过去所有事情都显得那么困难，但是和戴伦在一起后一切都变得简单了。我生命中第一次遇到了一个男人无条件地爱我和我的儿子们。

西班牙的生活已经成了遥远的记忆了。只有詹姆打电话来和儿子们说话的时候我才会回想起来。威尔和山姆可能会在假期去找他，我很高兴他们的关系可以维持，但是我的前夫已经不再是我生活中的主要部分了。

“我为你骄傲，亲爱的。”妈妈说。她时不时会提醒我，我已经做到了多少事。如果不是我一直坚持，山姆可能不会变成现在这样一个快乐活泼的男孩。

“还有，如果你不介意的话，我可能要再去睡一觉。”她说道，然后从椅子上站起来。

我看了一眼我的表，现在是早上十一点——这不像妈妈平时的作息。

我打消了我的忧虑，但是隔天早上我注意到她还是同样显得疲倦。这一周结束的时候，戴伦就会从钻井平台回来了，而妈妈眼下明显有了黑眼圈，而且她一整天都在补觉。她一直强调自己没什么，但是我还是很担心她的健康。这一点都不像她，她原来总是精神饱满的。

我在接戴伦从机场回家的路上向他坦白了我的忧虑。戴伦同意这听上去不像我妈妈平常的样子，说我们应该督促她去看医生。

“可能对于她来说，搬到英格兰需要花一段时间适应。也许与这有关。”他努力安慰我。

可是，我没法不去想，妈妈是不是哪里出了问题。当我们到家的时候，我更担心她了。

我关掉了车的发动机。戴伦在我旁边，像他在西班牙时常做的那样，用他的手捂住我的手，他能看出我很不安。

“尽量不要想太多。”他温柔地说。我很高兴戴伦回家了。他让我保持头脑清醒，阻止我过分焦虑。

“我知道……”我正准备说，但是发现戴伦的注意力已经转移到别的东西上面去了。他大张着嘴，脸上的血色逐渐消失。

“真该死！”他咒骂惊呼道。

“哪里出问题了？”我很惊慌。

他指着院子对面，山姆和威尔正在花园门边等着迎接他，而查斯特在他们的脚边发出呼噜声。

“查斯特不再是一只小猪了！”他惊恐地看着我。

“啊，是的。”我朝他苦笑。

戴伦告诉我，应该给彭尼维尔农场打电话，问问看他们的小猪长这么大是不是正常。查斯特现在已经一米多长，五十五厘米高了。戴伦提醒我，查斯特才七个月大，所以它到底会长到多大还是一个未知数。

我耸耸肩：“看上去我们也没法做什么。”

我很想忽略查斯特的体型问题。不管它大还是小，它都是山姆幸福的原因。我不打算给彭尼维尔打电话（实际上我们根本没打）。我更想进房间看妈妈怎么样。

当我们走上木制台阶的时候，戴伦还在不停地问我问题。他担心如果查斯特再长大，我们该怎么应对？

“你喂它吃了多少东西？”他取笑我，然后把他又大又重的旅行包放在客厅的地板上。

就在这时，我们听到了厨房传来一阵哈哈大笑。妈妈正在一边翻着早上的报纸，一边把饼干放进茶里。我们匆忙赶到厨房和她打招呼，我让她也加入进我们关于查斯特的谈话里。

“戴伦担心如果查斯特再长大我们该怎么照顾它，”我告诉妈妈，“但是它搬到平台之后就一直表现良好，不是吗？它一整晚都在睡觉，也没有惹出什么麻烦。”

妈妈开始咳起来。

“妈妈，你还好吗？”我又一次问她。

“是的，我没事。”她说。

戴伦感觉到了我的不安，因为妈妈尴尬地把眼睛从我身上移开，似乎她并没有完全告诉我们真相。他此刻帮了忙，告诉我母亲我最近一直很担心她的身体。他再一次问，是不是出了什么事。

妈妈深深吸了一口气，然后慢慢吐了出来。

“妈妈？”

气氛紧张得让人无法忍受。

“我不想让你们大惊小怪。”她开始说了。

我的心跳到了嗓子眼。她也许会说她得了什么糟糕的病。

“怎么了，妈妈？你可以告诉我们。”

“我没办法睡好是因为……”

戴伦和我等待着她的每一个字。

“因为查斯特让我睡不着觉。”

“查斯特？！”我们一起惊呼。

我完全没有预料到她说的。

“它总是在晚上撞我的门，想要得到关注，而我不知道怎么和它说‘不’。”

原来是这样！查斯特每半小时就用它的鼻子顶妈妈的卧室门，她知道能让它安静的最好方法就是给它扔一些猪食。但是问题是，一旦它把它们吃了，它又会回来要更多。

“这太荒唐了，我不能让你因为查斯特而睡不着觉。”我说。

“可以把它搬到外面去。毕竟它是一只猪。”戴伦建议说。

妈妈和我都看着他，觉得他疯了。我从来没想过把查斯特放到外面挨冻。它是长大了，但是它在我眼里还是像一只狗一样。更重要的是，如果我们把查斯特搬出去，山姆怎么办？如果他不能一直在房子里看到查斯特，会对他的成长造成影响吗？

“我不同意。”妈妈激烈地摇头。

“但是我不能让你睡不着觉。”我劝她。

母亲和我开始因为查斯特而争执，她执意让我们给猪一些时间适应它的新环境。她坚信查斯特敲门的行为只是一个适应问题，过段时间就会好了。

戴伦听着我们的交谈，怀疑地摇摇头。

“你们还真当它是人呢。”他嘲笑地说。

是的，查斯特就像人一样，它是我们的家人。

17
固执的猪

夜晚的天空爆发出彩虹般的色彩。

今天是篝火之夜，我们家是绝好的观看地。每年阿格伯勒都有一场烟花表演，地点在我们花园后面的农民田地。由于我们有一个露台，我们只需要走到屋外就能看表演了。表演场地有一个巨大的篝火，人们的脸被腾起的火光照亮。各种各样的烟花在晴朗的星空绽放。

这是一场传统的小型社区级的庆祝活动，各个家庭可以带自己的烟花让组织者燃放，人们还带来锡箔纸包裹的土豆，放进火堆里烧烤。这场活动让我想起我小时候在英格兰的情形。

我们住在西班牙的时候，从来没有参加过类似的活动，所以孩子们从没见过这样的活动。（妈妈前年带威尔去看了一个公共展览，但是山姆没去。）我给山姆塞上了耳塞，以保护他敏感的听觉。但是他喜欢烟花的色彩，它们给他积极的感官刺激，就像学校里的长条灯一样。

我拿出一包烟花棒——如果我们不用它把我们的名字写在空中，那这个夜晚就不完整。当我们写完名字后，山姆坚决不让我们漏掉查斯特的名字。于是我鼓动威尔、母亲和戴伦，和山姆一起同时写出了查斯特的名字。我倒数着："三，二，一——查斯特！"

我们都旋转着手里的烟花棒，在空中拼出了我们宠物猪的名字。

随着另一个烟花尖声划过夜空，我想起来我最好该去看一下查斯特。我们把它锁在了屋里的平台上，保护它不受噪音的刺激。我给它放了一碗装得满满的食物，帮助分散它的注意力。我还把灯开着，以免它觉得我们在楼上玩乐抛弃了它。

我把头伸进门里："你还好吗，查斯特？"

查斯特非常好。它就像狗一样坐着，头抬得高高的，耳朵竖着，全神贯注地看着烟火。它都没有发现我进来了。它碗里的食物全部被它吃光了，显然噪音也没有让它对食物失去兴趣。

我留下它绕到厨房拿热饮给每个人暖身。当我拿着一盘子的食物出现在露台时，我发现了一些奇怪的事。村民们去田地里看烟花要经过我们屋子旁边的一条路，通常他们都源源不断地走过，但是现在路过的人都停下来站着不动。一半的村民都没有看烟火，而在眺望我们墙后面的花园。

一群大人和孩子们一边指着一边笑。我很好奇大家都在看什么。然后我才意识到因为我开着平台上的灯，所以每个人都能看到被照亮的查斯特！

因为知道查斯特爱在人前表演，我决定亲自去看看。

"等等，妈妈！"山姆说。我跑下楼梯往平台走，山姆在后边追着我，他不希望错过任何和查斯特有关的乐趣。

“还有我，妈妈！”威尔跑在山姆后面，他也追着赶上我们，帽子上的绒球在他眼前弹来弹去。

查斯特正欣然接受大家的关注，脸上咧开大大的笑容，用和我离开时候同样的姿势坐着。

“原来这就是你们那只出名的猪！”一位戴着鸭舌帽的老先生在墙后说。

我顿时充满了自豪感，也理解了山姆向同学介绍查斯特时的感受。

“是的，是我们的猪！”

要是它的模范行为能持续一整晚就好了。不幸的是，有人忘了关橱柜，橱柜里面放着烧水壶，于是查斯特抓住了机会咬它。我清晨起来的时候，发现它已经把绝缘层都咬开了——到处都是一块块的玻璃片。

这一次，它不仅又毁坏了一件房东的物品，而且它还让自己陷入危险。绝缘层只是接触都有害，更别说吞下去了。最后一根稻草被压断了，查斯特已经长得太大，不能再待在屋里了，我们不得不承认这个现实。它正在对我们的屋子造成严重的破坏，它不能再上下楼梯，它还仍然在夜里吵醒我的母亲。她需要晚上睡一个好觉，而我们需要正常的生活。

这不是一个容易做的决定，而我很担心山姆对于和他最好的朋友分开这事会有什么样的反应。从地理位置上说，搬到花园并不远，但是心理上可能会造成山姆的挫折感。

查斯特的幸福对于他来说就是一切。所以他花大量时间抚摸它、照顾它、给它洗澡以及确保它有足够的食物。如果查斯特被搬到外面，山姆就不能随时密切地关注它。他会因为担心他的猪在晚上醒来吗？他会因为查斯特而烦恼失眠吗？我知道我自己曾经有数不清的这样的经历。

我没法去想让查斯特一个人在寒冷里度过夜晚。于是我只能想到一个解决办法——我们必须给查斯特买一间屋子。

“不是一间真的屋子，”我向戴伦解释道，“就是花卉商店里面能买到的那种儿童游戏室。”

戴伦看着我，就像我疯了一样。我没觉得这有什么大不了的——我的提议完全有道理。一个像家一样舒适的环境。我们可以把它放在前门外面的天井，再造一些栅栏让它不要跑出去。

我现在要做的就是让山姆对查斯特的新家有思想准备。我想如果我画一本故事书，配上文字“这是查斯特的新家，查斯特在新家里面很开心”，他应该就能接受了。

我向琳达寻求帮助。她比任何人都明白做好这件事的重要性，因为她目睹了查斯特是如何成为山姆和世界交流的方式。于是她为我编了一个故事，里面有查斯特的笑脸特写，展示他住在花园里有多“开心”。

一天晚上，我选择了在晚餐前的安静时刻告诉山姆这个消息。母亲把威尔带下了楼，让我和山姆有一些时间单独在一起。

“山姆，过来坐在妈妈旁边。”我拍拍沙发垫。

在我说话的时候，我可以听见我声音里的不安。我的胃都拧在了一起，身体做好准备迎接山姆的崩溃。

山姆左手抓着一个田小班的小雕像。它正好和他手掌一样大小，有着光滑的质地。它能让山姆平静，对于山姆来说，握着它就像婴儿抓住安乐毯一样。

我很高兴他能握着它，因为我不知道这场谈话会进行得怎么样。

我打开书的第一页，山姆和我都看着查斯特的大笑脸的特写照片。

“查斯特很开心，因为它搬进了它自己的屋子……”故事开始了。

山姆歪着头，好像他正在检验这些信息。他轻轻地用手指拂过照片上查斯特的脸，就好像他正在抚摸他朋友的皮肤一样。

我试探着看他，他似乎还好，我又翻了一页。

“琳达花了很大工夫设计查斯特的屋子，屋子甚至有烟从烟囱冒出来，还有白色的尖桩篱笆。”

山姆的眼睛亮了。

“山姆，你可以帮助查斯特搬进它的新家。”我用食指轻叩图片。帮助查斯特能让他高兴，这正是山姆需要听到的。他开始兴奋地挥舞手臂。我重重呼出一口气，感到解脱。事情本来是很可能往另一个方向发展的。

我很确信，琳达帮助山姆认识面部表情的工作，在这次发挥了作用。因为把查斯特的笑脸和它在新家的幸福联系起来，也让山姆脸上有了笑容。

现在我们需要做的就是给我们的猪找一间屋子了——就是图里画的这种!

“戴伦，”我轻快地问他，“想去花卉市场看看吗？”

我们有找房子的任务要做了。

戴伦和我认为，最好快点把房子买了，这样孩子们可以着手帮我们把查斯特搬进去，戴伦完全赞同这个想法，我想他可能对于把查斯特搬到屋外这事暗自松了一口气。妈妈照看着孩子们，我俩跳进了路虎车，朝着最近的购物中心开去。

我们都被游戏屋的价格吓到了，有些甚至卖到几千磅。但是看看这些屋子又很有趣，它们有各种不同的样子。有的看着就像《草原上的小木屋》里的屋子，有的看着像迷你城堡，还有的像滑雪小屋……有的甚至有两层，顶部窗户还有滑梯伸出来。

其中有一间屋子吸引了我们的目光。这间屋是松木制成的，有很可爱的窗户，窗户是塑料的，镶着绿色的框，周围画着绿色的花瓣。这个房子还有一个时髦的前门和一个绿色的信箱。它正巧是我们看到的屋子里最便宜的，但是也要卖180磅。

虽然选好了屋子，我们还没完成任务。我担心查斯特夜里会觉得冷——毕竟它之前睡在加热器旁边，习惯了那里的温暖。

“我们要买一块尺寸合适的地毯垫在这个屋子里吗？”我问戴伦，示意他往卖室内地板材料的通道走。

戴伦停住了脚步。

“你在开玩笑吧？”

我当然没有……

我们花了整整二十分钟浏览介绍这些纺织地毯的书，最后决定买一块底下有橡胶垫的蓝色地毯。我想象着把查斯特的篮子放在地毯上，再给它铺一块毯子在身上取暖——它就会睡得很舒服了。

挑好了地毯，戴伦就准备开始行动了——他得在天黑之前把游戏屋组装好！幸运的是，戴伦喜欢做木匠活，这是他的专长。他也很喜欢让孩子们一起参与这些事情。所以，我们一回家，戴伦就把游戏屋的所有部件都放在院子里，召集威尔和山姆过去帮忙。威尔是他的得力助手，随时给他递螺栓、钉子和螺丝刀。戴伦充分体谅山姆的能力限制，因此没有给他任务，只是让他在想试试的时候参与一下。山姆几乎控制不住他的喜悦，因为查斯特的房子就要建起来了。他站在戴伦和威尔旁边，全身散发着活力，通过拍打手臂发泄他的热情。

同时，查斯特一直在平台上望着院子里的进展。我有些担心它会不会想着用它的尖牙把新房子咬坏。但是我打消了这个念头，查斯特的破坏力没有那么强吧？

当夜晚来临，是时候把新房子引荐给查斯特了。山姆热切地希望担任这项工作，所以我们都站在后面，把舞台中心让给他。他打开前门，召唤查斯特过来。山姆是家里唯一不需要贿赂食物就能让小猪听话的人——他的好朋友可以跟随他直到世界尽头，只是为了待在他的身边。

“这里，查斯特。”山姆钻进铺好地毯的豪华游戏屋内。他盘腿坐在地上，等待他的朋友进来。

查斯特匆匆跑过院子，冲进屋门——猪只要看见一道门或者一个洞，它们就一定会试着钻过去，因为它们是天性好奇的生物。现在这一点成了我们的优势，因为查斯特迫不及待地想要探索它的新屋子。我们各自找好了位置观察它的一举一动：威尔在屋门处看他，而母亲、戴伦和我从有机玻璃窗望进去看它。

到处闻了一遍之后，查斯特爬进了它的狗篮子里，我们之前已经把篮子放进去了。接着它侧过身发出一声巨大的哼唧声。看到查斯特的蹄子从篮子里伸出来，我想，我们很快要给它买一个更大的床了。山姆打开奶油色的毛绒毯子，盖在查斯特的大肚子上。这个毯子从查斯特还是小猪崽的时候就一直都是它的。它姜黄色的脸从毯子底下露出来，它现在已经不小了，但是还是像我们买它回家的那天一样可爱。

山姆倾身向前，在它鼻子上吻了一下。

“我爱你，查斯特。”我们都听到了他的低语。

山姆把身后的门关上，踮着脚最后从窗户看了一眼。我不想催山姆快一些，因为我知道对他来说，确保查斯特一切都好是很重要的事。但是十一月的夜晚寒冷刺骨，我不希望儿子们被冻感冒。我朝手里吹口气，以抵御寒冷，吹出的热气在寒冷的空气中腾起一团白雾。

“晚安，查斯特。”威尔和山姆异口同声地说。

查斯特没有发出声音，它已经睡着了。于是我们该走了。我们都踮着脚轻轻地走回了房子里，关上大门。

那天夜晚，我和戴伦依偎睡在羽绒被下，我回想着白天发生的事。

“比我想象的顺利多了。”我轻松地说，把毯子拉过我的耳朵。尽管我们的谷仓屋很美，但是总有风从缝隙吹进来，所以能依偎进戴伦温暖的胸膛感觉非常好。那是一个寒冷的夜晚，于是我又想：“希望查斯特能足够暖和。”这是我闭上眼睛睡着前最后的担忧。

第二天早上，我醒来时感觉充满活力。光透过窗帘的缝隙照进来，我脑海里突然闪过昨晚的奇怪回忆。

“晚上你有没有听到砰的一声？”我用刚醒来的沙哑嗓音问

戴伦。

“没有。”戴伦咕哝一声，转过身接着睡。

我一定是在做梦，我想。

然后我惊坐起来。砰！砰！砰！我不是在做梦！听着像有人要砸烂我们的门。

“戴伦，你听到了吗？”

我们都从床上跳起来，抓起离得最近的衣服。我套上牛仔裤，还有戴伦的一件大针织套衫。套衫盖过了我整个身体，但是我没时间管它了。

砰！砰！砰！

这次撞门的重击声之后还有“呼噜！呼噜！呼噜！”声

是查斯特。

山姆跑进了我们卧室，后面紧跟着威尔。

“查斯特正试着闯进屋里来，妈妈。”威尔冷静地说。

他并没有夸张。我们都挤进了平台，而查斯特正在助跑着朝门再一次撞过来。

砰！它把鼻子挤进木头门框里。

“戴伦，阻止他！”我惊叫道，担心查斯特的安全，也担心房子的安危。

戴伦生气地猛然打开前门，查斯特冲向了我们……然后不停地给我们猪吻。它只是醒来后想和家人在一起，这个可怜的东西。

有好一会儿，我们感动于和它的深情团聚，没有注意到外面发生了什么……

因为各种残骸，我们都看不到天井底下的瓷砖了。查斯特把露台下面楼梯的所有木头都咬了出来，到处都是散落的木头皮。它把它的地毯咬得粉碎，咬坏了游戏屋的窗户和信箱。到处都是被咬掉的绿色木头碎片，和被抓坏的松木。而花园呢——这个小恶魔用鼻子把草翻起来，在草地上留下了一个个的坑。

“这只猪！”戴伦一边咆哮着，一边检查损坏的情况，“我会收拾它的！”

山姆捂住了耳朵，威尔捂住了眼睛。我紧张地笑了下。我想戴伦可能正在脑海里计算着损失了多少。

“至少房子还在。”我开玩笑地说，试着让大家轻松一些。

孩子们当然觉得这一切很好玩。山姆和威尔狂笑起来。

查斯特清楚地知道它做了什么，离戴伦的距离刚好让戴伦抓不到它。它在用它的方式告诉我们，它不喜欢被搬到外面去。

而可怜的戴伦只能跺着脚，去拿他的工具。幸好他喜欢做木匠活……

把查斯特再搬回房子里面是不可能的。我们只能祈祷查斯特很快会厌倦这样哗众取宠的行为。

幸运的是，我们还买了一卷地毯，戴伦把有机玻璃窗户又钉回原样，但是信箱装不回去了。

那天晚上，查斯特甚至还没等到我们上床睡觉，就迫不及待地让我们知道它想进来。平台门上的撞击声从晚饭时候就开始了，一直持续到了夜里。

我对它的行为感到很焦虑——担心它对房子造成的损坏；担心声响会让邻居不高兴，还有更主要的，我对于把查斯特送到寒冷的屋外感到内疚。

它在门上的每一次敲打都提醒我们，它多么希望能和它的家人在一起。我从来没有预料到会这样——我们买查斯特是因为我们以为它是一只家养的宠物，一只“狗一样的猪”，但是我们现在还有什么其他的选择呢?

没有人比山姆更明白和别人“不一样”的感觉是什么。他知道查斯特长得太大并不是它的错。山姆不能忍受他的朋友受苦，所以他特意去照看了他的朋友，让查斯特知道它仍然被爱着。

每次查斯特撞在门上，山姆都下楼去看它。给它带去食物，加满水，而且不顾我的阻止，在冷天里和查斯特一起待在游戏屋里，陪伴它。

任谁都能看出，查斯特因为山姆陪在它身边而欣喜若狂。山姆躺在他最好的朋友身边，轻轻地抚摸它的肚子，查斯特发出感激的呼噜声，就像猫因为开心而发出的呼呼声一样。山姆在确定了查斯特高兴地入睡之后，才回到屋里来。

然后这样的事情就一直重复着。每晚山姆都哄着查斯特入睡，每天早上我们醒来都发现花园就像战场一样。到了十二月中旬的时候，查斯特已经把游戏屋里所有能用牙咬的东西都撕成了碎片。这个屋子还没倒也真是个奇迹。

比屋子情况更糟糕的是我们的草地。查斯特喜欢用鼻子把草翻起来。我们用了各种办法把它限制在游戏屋里面，让它不能毁坏草坪，但是这些都没用。我们甚至装了一个临时电栅栏阻止它接近草地。但是它只是跑起来冲向自制栅栏，毫不犹豫地撞开了它，然后接着在花园里翻草地，一点也没有被栅栏的电击影响。母亲和我用猪食诱引它离开草地，或者试着用扫帚把它赶走，但是都没起作用。它只是像一只狗一样，屁股坐在地上，朝我们微笑。母亲和我最后都放弃了，退回房间，任由查斯特继续开心地挖草地。

所以每天我或者戴伦——如果他在的话，都尽量修补上损坏的草地。到了最后，我们的“草地”上一根草也不剩了。而查斯特的恶作剧也不仅局限在花园里了——现在它发现了自己可以出去四处走，于是它开始时常在外面溜达。我们甚至都不知道它出去了，还以为它在游戏屋里面打盹，但是实际上它已经在村子的广场里闻了个遍，把垃圾桶翻了个遍，和所有村民打了招呼了。因为它总是自己回来，所以通常是友好的村民打趣这件事我们才知道它出去过！尽管我们为了不让查斯特出门去，做了能做的所有事，但是似乎在我们坚定的小猪面前这些都不能阻止它！

查斯特表现得像一个十足的混蛋，它在晚上破坏游戏屋的捣蛋行为最让我感到不安，因为我不能忍受它在夜里过得不舒服。但是到了这个时候，对于它房间里的地毯，我已经没有多少可选的了，因为我们已经买了无数块了。

在村里和一个女人的意外碰面改变了一切。她总是时刻留意着各种消息。你经常会在酒吧看到她和当地人闲谈。

有一天，我们碰巧在邮局前面排队时站在一起。她问我我们的猪怎么样。她告诉我查斯特已经不仅在我们村里有名，它的名声甚至传遍了整个山谷。

“你在开玩笑吧？”我因为这个新闻而惊讶到几乎窒息。

“哦，是的，它现在很有名。很快它就会上电视了。”她取笑道。

“查斯特？！哦，别傻了！”我不相信她的说法，觉得太离谱了，虽然我多少还是因别人说查斯特有名而高兴。

我突然有强烈的欲望想和她倾诉我们最近遭遇的猪的事件。她是一个好的倾听者，脸上总是带着友好亲切的笑容，让你想把所有经历的故事都倾诉给她。

“查斯特总是把它屋子里的地毯撕成碎片，我现在已经不知道该买什么地毯了。”我和她分享我的遭遇，告诉她我不知道该用什么铺在地上，让它晚上不冷，因为它已经把我尝试过的每一种都撕成了碎片。

她有一会儿说不出话来，惊讶地看着我，好像我在说外星语言一样。

“对不起，”她笑出声，“我在试着弄清楚你刚才说的。你是在告诉我，你一直在为一只猪买地毯？”

我突然觉得有一点尴尬：“啊，是的……”

她一边笑一边对着拳头咳嗽遮掩。

“放一些稻草在那里怎么样？”她说，“它是一只猪，不是狗！”

我忽然明白了她说的话。当然了！我只是从来没有那样看待过查斯特。彭尼维尔农场把它比作了宠物狗，所以我们给它买的所有东西都是为狗设计的。我们教会了查斯特狗的行为——坐、待住不动、打滚儿。在我眼里，查斯特就是一只狗。

在这个寒冷的十二月早晨，在邮局的排队队伍里，这个女士让我打开了眼界。查斯特是一只猪——现在是时候把它当成一只猪来对待了。

18
为猪搬家

我们意识到问题所在之后，立即就采取了行动——不仅在查斯特的屋子里加上了稻草（正如村子里的那个女人所预料的那样，查斯特很喜欢稻草），我们还有一个更大的计划在酝酿中。我们西班牙的房子放在市场上将近两年终于卖出去了，这是个好消息。我和戴伦终于可以买我们自己的房子了。我们看中了一套绝佳的房子：一间坐落在山陵中的旧农场，有足够大的空间让我们全家人和查斯特住在里面。

但是确定了要搬家之后，又有了新的压力——我们要把出租屋尽快整理收拾好，以便它再出租给别人。我们需要把整个谷仓屋都修补好，以取回我们的押金……但是我有一个糟糕的预感，那就是我们得付不少钱。

戴伦坐在餐桌旁边，试着算出总账。他一只手抓着头，另一手紧紧握着圆珠笔，不难看出他很焦虑。

我蹑手蹑脚走到戴伦身后，想越过他的肩看他算出来的总数是多少。我看到最后的总和时大大地倒吸了一口气，三千磅！

费用包括被损坏的烧水壶，天花板上查斯特留下的尿渍，浴室被它咬掉的墙纸，被它撞弯的门，草地的损坏……曾经有着雏菊和水仙花的漂亮、葱郁的绿色花园，现在看上去更像一个沼泽地。花园要整个翻开重修，需要花不少钱，但是更大的开销是更换前门和我母亲房间的法式玻璃门。前门因为查斯特不停的撞击木头已经裂开了，而我母亲房间的门已经被一英尺高的泥渍盖住了，因为查斯特总是用鼻子顶玻璃，想偷看房间里的母亲。

还有一个小问题是，我们修补房子的时候查斯特该住哪里。我们也许还得花五百磅重新给它安置一个地方。

“谁说的养一只猪比养一只狗便宜？他一定在撒谎！”戴伦生气地说。你时常需要在生活中选择时机，而现在绝对不是和戴伦述说查斯特做了多少好事的时候……

“来一杯茶吗？”我以请求的口吻。

戴伦用疲惫的眼睛看着我，深深叹了口气。他似乎和之前一样对我们的小猪爱恨交织，但是不管他对查斯特感觉怎么样，他仍然会努力把事情解决好。我确实很同情戴伦，他几天后就要回钻井平台去了，但是修缮工作又很紧迫，所以他不得不在离开前的最后几天辛苦干活，而不是休息放松以及和我还有儿子们度过愉快的时光。

“我想我得先从天井的门开始。”他闷闷不乐地说，“别让那只猪靠近我！”他一边怒吼着一边去取他的工具箱。

这是威尔和山姆的工作——他们会在这期间一直和查斯特在屋外玩。妈妈不能用猪食分散它的注意力了，因为此时妈妈已经明智地搬到了艾维布里奇的一座房子里。她终于再也忍受不了查斯特每天每夜撞她的门了。

我不得不佩服戴伦，他一直不停地工作，就像他在西班牙和我打包收拾屋子时一样，他旋风般高效地做一件接一件的事。

他花了些功夫来修理法式玻璃门。戴伦手脚并用地把裂纹填补好，然后打磨、上漆，把木头修复到最初的赤棕色。幸运的是，我留着卫生间所有的墙纸条，所以修复它只需要仔细地对齐纸条的花纹，全部粘回原处。

我不停地递给戴伦泡着饼干的茶，儿子们在花园泥地里和查斯特玩足球。那天晚上我们用挂锁把查斯特锁在它的房子里——我们不能让它再撞在门上，破坏戴伦几个小时的辛苦工作。

我很确定查斯特知道它越过了界限，因为它那两天表现都很好。或者是它觉察到了需要离戴伦远一点，别再惹他生气。不管查斯特的动机是什么，它的良好表现有了积极的作用。当我把戴伦送到机场的时候，他已经对它没有那么生气了。他甚至流露出一丝担心，等我们翻修花园的时候，该让查斯特住哪里？我也还没有答案。

戴伦回到钻井平台后，就轮到我来收拾房子了。我没有多少时间，因为我们预定的搬家时间就在几周之后了。我查阅当地的报纸，发现一则广告，是一个自由职业的园艺工人刊登的。他能做这个工作。

“所以，我们有哪些要做的？”他靠在大门上，眼睛扫过我们草地的残骸，对它的糟糕情况摇了摇头。

这个男人叫理查德。他大概三十多岁，身穿牛仔裤和靴子，织绒衣背上显眼地印着他的标志，还戴着破旧的蓝色羊毛帽。

我向他诉说了查斯特的故事，他给了我一个和邮局女人一样的表情——难以置信。

他给了我报价。我不习惯和别人讨价还价，那是戴伦的长项。我觉得他的价格听上去还比较合理，所以同意了，我需要他尽快把草坪整修工作做完。接着理查德想出了一个绝妙的主意，拯救了我。

“我有一块田地，大概离这里开车十五分钟，如果你愿意的话，在我干活的时候可以把你的猪放在那里。”他说。

我和理查德开心地达成了协议。查斯特会被放在那里几个星期，这期间我们会修缮房屋以及搬家。一块田地听上去对猪足够友好，而我知道对于山姆来说，确保查斯特会在临时的新家安全无恙是很重要的。

我还需要合计怎么样搬运查斯特。这不是一件容易的事——仅仅一年里它已经从一只迷你猪长到了成猪体型，有十五英石（大约九十五公斤）重。

“我们可以把它放在我的货车后面搬走。”理查德指着他停在我们院子里的白色小货车。

我有一个不好的预感：行驶在弯弯曲曲的乡间路上，一只猪没有任何保护措施地被放在货车后面是很危险的事，尤其查斯特还很难保持平衡。但是我没有其他的方法了，所以我答应了，我们第二天就试着搬它。

那个晚上，我尽了全力给山姆解释为什么查斯特需要被临时搬走。为给山姆解释，戴伦和我准备了我们新房子的照片。我给山姆看了照片，告诉他他的卧室会是什么样，以及我们为他挑这间房间是因为他可以从房间里看到查斯特的新家。我们已经为查斯特设计好了它的新家：为猪设计的防逃脱栅栏。毋庸置疑地，我们买这座房子很重要的原因是查斯特。

威尔也来了山姆的床上，加入了我们。我正在画着理查德的田地，告诉山姆查斯特会暂时待在那里，直到我们一起在新房子里团聚。我已经研究过了——这块地是圆形的，在山坡上可以俯瞰阿格伯勒地标建筑。在达特姆尔高原上只有几块这样的田地。理查德的田地是少数的几个还没有被考古学家挖掘的田地之一。

“然后我们会把查斯特的游戏屋放在这里。”我画了一个叉标出位置。我从来没想过把查斯特搬过去却不带它的屋子——我们都不在它身边，而它晚上需要躲进一个舒适的地方。

山姆的眼睛突然睁大，眼睛里闪着眼泪。

“如果狐狸来怎么办？”他轻声低语，想到可能有野生动物会袭击他最好的朋友。

山姆有敏锐的听觉，所以他会听到夜里那些你我听不到的声音。有很多个早晨，他走进我的卧室，给我描述他听到的不同动物们在我们花园底下“交谈”的声音。因为其中有狐狸的声音，所以山姆有些担心。

“哦不，亲爱的，狐狸不会靠近查斯特，因为它会安全地待在它的屋子里。”我伸出手臂搂着儿子们，拥着他们轻轻抚摸，在他们的前额上亲吻。“我们每天从学校回家的路上都会去看查斯特。”我向他们保证。

山姆接受了我的保证。他表现得比一年之前要好得多了。

他身上有了很多让人惊喜的改变。他不仅开始说话——他刚过七岁，已经可以把更多的字串起来连成句子——他最近还被并入了CAIRB以外的三个主流班级：艺术、体育和音乐。

虽然山姆接受了查斯特的搬家，他对查斯特的担心却影响了我，这是我没想到的。那天晚上我没睡好，我梦见了狐狸，醒来后思考着怎么样能把查斯特安全搬走。

第二天早晨，理查德向我保证，为查斯特搬家是一件容易的事。

他打开了货车背后的两扇门，说："我们只需要让它走上活动斜坡，然后走进去。"一看他的车里面你就知道他是个园丁工人——车里全是泥和灰。我很好奇他是否知道查斯特有多大。不过我没说什么，我想我开门的时候他也许会感到惊讶。

"查斯特！过来！"我叫着它的名字。查斯特冲过泥地，快得就像子弹一样。它太高兴自己被注意到，于是它把自己的重量放在后脚上，前腿支撑在门上站立起来。

"真该死！"理查德慌张地向后退了一步。

我猜从一个外人的角度来看，查斯特看上去应该很吓人——但是对我来说，不管它长得多大，它还是我们的那只小猪。

"它不会伤人。"我呵护地说，"它只是有时候有点固执。"

我可以看出来，查斯特也想保护我，因为它在理查德身上闻了半天。我必须承认，它的行为让我感到很温暖——就像我们都爱它一样，它也爱我们大家。

我们决定在查斯特的脖子上套上一根绳子，领着它走上斜坡，然后走进理查德的货车里。查斯特不介意绳子，甚至还摇了尾巴。但是当理查德用力拽绳子时，它立马就用蹄子刨地，不愿意被拉走。它一步也不愿意挪动。它尖叫着哼唧着，明确地告诉我们，它要待在它待的地方。我甚至用猪食也不能劝服它。

然后我有了一个主意："在它的头上套一个袋子怎么样？就像他们为了让马进箱子里做的那样。"

在尝试这个办法之前，我们需要把查斯特锁在它的屋子里，这样在我们去找袋子的时候它不会到处乱跑。当理查德去找大小合适的袋子的时候，我护送查斯特进了它的房子，小心地把还在它脖子上的绳子绕到窗户外面，这样我可以在外面牵着它——现在是我站住不动了。我们的计划是，理查德打开查斯特屋子的门，把袋子套在它的头上，同时我牵住查斯特不动。

理查德全身紧绷，就像一个橄榄球运动员准备要拦截对方球员一样。我倒数着："三，二，一！"

但是理查德一打开门，查斯特就冲了出去，差点把园丁撞倒在泥地里。查斯特知道我们正在做什么，它一点也不愿意配合。

绳子摩擦着脱离了我的手，拖在查斯特身后的泥地里。噢，查斯特！如果它知道我们做这些只是为了在翻修花园时让它待在安全的地方，是为了它好就好了。

已经过去两小时了。我不知道还有什么办法，我甚至在脸谱网上求助。

"怎样把一只十五英石重的猪弄进福特小货车里？"我在我的主页上发帖问。

我应该料想到会得到这类的答案——"打开门让它进去"。

呵，还真是好建议！时间一小时接一小时过去，我和理查德放弃了把我们倔强的小猪领进货车的想法。我想不到其他的办法了，只能给兽医打了电话：“请问能给我的猪打镇静剂吗？”说着这句话我心里很难过。

兽医问我想带它去哪儿。我解释说要开车十五分钟到一块田地去。但是兽医说他不能帮我们，我想应该是因为路途太短，查斯特到了那边还需要另外打一针让它醒过来，这个过程会有危险。我记不清具体的细节了，但是简短的答案就是“不行”。

在这种时候，我多么希望我和戴伦之间没有时差，也没有相隔着数千英里距离，因为我知道他会让我冷静下来，想出解决办法。幸运的是，兽医给出了一个法宝。

“我确实还有一个办法。”他在电话里告诉我。

他说他认识一个当地养猪的农民，已经退休了，但是也许有办法能搬运查斯特。这给了我一丝希望。

这个农民住得离我们的谷仓屋很近。他之前和猪打交道有二十多年了，然后才转而养羊。第二天，在我接孩子们回来之后不久，他把他的红色大拖拉机开进了我们院子。他看了查斯特一眼，一点也没因为它的身型和顽固而担忧。

“这很简单。”他解开一捆木头，农民们称之为“猪板”。他把木头拼接好，在查斯特的屋子和钩在他拖拉机后的长方形金属货箱之间搭了一条走道。这条走道就像一条巨大的逃生小路一样。我沿着走道撒了一些猪食，也许查斯特需要一些鼓励。

这次山姆和威尔帮着我倒数：“三，二，一……”

我打开了游戏屋的门，查斯特再次冲了出来。它一直跑进了金属箱里，箱子有一个可以锁起来的门。仅仅几分钟，事情就办好了。

“哦，感谢上帝。”农民把查斯特锁上时，我长吁出一口气。我还以为我们永远也没法把它搬走。我很想跳一段胜利的舞蹈——但是我们还要把查斯特和它的屋子安全地运到田地去。

我永远也忘不了这个情形：被查斯特咬了一半的屋子，被两根尖木桩抬到拖拉机的前面（农民常常用两根大木桩抬起干草堆，现在却用它把查斯特的屋子铲起来）；查斯特坐在拖拉机后面的金属箱里，它充满血色的橙色脸蛋从箱子上面伸出来往外看。山姆坚持要我们开车跟在拖拉机后面，这样我们可以在后面照看查斯特。我告诉了农民怎么走，然后我们就一起出发了。

我们看上去一定很荒唐！结对出行，在乡村小路上上下颠簸，一个破旧的屋子在拖拉机前面摇晃，稻草从本来是窗户的洞口中飞出，还有一只姜黄色的大猪被挂在背后的金属箱里。查斯特看起来却很高兴。它坐着，咧开嘴笑着，风吹着它头顶上的一簇姜黄色毛发。实际上我们只看得见它的头从箱子侧边的顶上伸出来——大大的姜黄色的头和它的大笑脸。

我从后视镜里看到，山姆看着他的小猪滑稽的样子正在捧腹大笑。山姆的喜悦感染了我们，不久我们三个都大笑不止。

理查德在山顶等着我们，带我们进入他的田地。游戏屋被抬到地上，放在指定的位置。看着查斯特的破房子被重重扔在一个巨大圆形田地的中间，而这里可以眺望一半的德文郡，这怪异不协调的景象让我忍不住笑起来。

“你真是一只幸运的猪，查斯特！”我高兴地大喊道。农民打开锁让我们逍遥的小猪从金属箱里出来。

我以为查斯特出来后马上会到处跑来跑去，因为有一大片草地可以翻而高兴——这片地全部被草覆盖，有的草甚至齐腰深。但是它没有，它只是随意走了走，在空气里闻了闻，然后就走进它的屋里睡觉去了。孩子们跟在它后面进了屋子，哄它入睡，给它晚安吻。

“我该付你多少钱？”我问这位解救了我们的农民。

他是个很友好的男人，一开始说我们不用支付他钱，即使在我哄劝了半天之后他也说只付他的汽油费就行了。

我给了他五倍的钱，因为如果不是他来救我们的话，我真不知道能怎么办。

“再见，查斯特！”我们都在游戏屋的门旁边朝它挥手。

让它独自待在那儿，我感觉很不自在。我希望它在那块巨大的田地里一切都好，不会受到伤害。不知道为什么，我总觉得可能有不好的事要发生。

19
可怜的猪

一声刺耳的尖叫声穿透了我。没见到查斯特，我也知道它有麻烦了。

“等一下，我来了！”我一边叫着一边从路虎车上跳下来，朝田地里跑去。它刚来它的新家几天，但是似乎我们已经碰上了危机。幸运的是，我来看查斯特之前刚把孩子们送到学校，他们不在我旁边，所以不用担心。

当我全速跑向田地后，我立马看见出了什么事。查斯特的嘴被带刺的铁丝网钩住了。铁丝钩在了它下面的两颗门牙中间。它被挂在栅栏上，尖叫扭动着，绝望地想挣脱开。

我不知道它在痛苦里被困了多久——也许是一整夜。我不知道钩刺是不是已经刺穿了它的舌头。我完全不知道该怎么办。

我试着去拉铁丝——但是查斯特激动地抵抗。每次我用力拽，它都往后拉，每次它一动，铁丝就更深地嵌进它的牙缝里。看见它如此沮丧，我觉得很难受。

“加油，查斯特。”我试着把它往前移，让铁丝松开，而它往反方向拽得太多，铁丝越嵌越深。我没有带任何能割开铁丝的东西。我没有其他选择，只能在查斯特后面往前推它的屁股，希望铁丝能松开一些。

我蹲下去侧着身，用我所有的力量把查斯特往前挤。查斯特尖叫着，甚至还往后踏，把我撞倒在地。我感到十分无助，只有我俩在田地里，而我没法割开钩住它的铁丝。

但是我没有放弃。我必须救查斯特。

我一次又一次试着推它，四十分钟过去了我还在推。在他十五英石的重量下，我的每一寸肌肉都因为用力而烧灼地疼。

“加油，查斯特！”我第无数次喊叫道。

突然，它向前一倾，我抓住了松开的铁丝。我拽它拉，在我俩的拉扯下，不知道怎么的铁丝就从它嘴里拽了出来。我筋疲力尽地向后倒在草地上。

我朝查斯特望过去，看见它跳在空中。它确实是高兴得跳了起来。它匆匆跑向我，用它的猪鼻子吻得我喘不过气来。它的呼噜声比往常低沉，密集得喘不过气，好像表示着它对我的帮助感激不尽。

我四仰八叉地躺在巨大的草地的中间，往上瞪着查斯特橙色的大脸。我轻轻地抚摸它脸颊上的毛，告诉它它没事我有多高兴。

但是，这个意外吓到了我。这是我第一次真正因为查斯特而恐惧。这次意外让我意识到，我们体型庞大的猪实际上有多脆弱，而我应该更密切地关注它。这件事也让我意识到我有多么爱它。

“如果再出什么事而我不在它旁边怎么办？”后来我和戴伦打电话时我问他。

“它会没事的。它很坚强。”

戴伦理智地提醒我，查斯特只会在那片地里待一两周。我们很快就能把它接回身边，精心照顾它，所以不会有事发生的。

但不幸的是，意想不到的事情还是发生了。

几天之后，我们得知，我西班牙房子的出售出了些问题。文件需要重新填写，又要耽误一些时间。查斯特得在现在的地方待几个月，而不是几周了。

这样的变故让我不仅仅担心查斯特，也为山姆感到焦虑。我该怎么告诉他这个消息？几个月也许并不长，但是也可能会打破平衡，毁掉山姆目前为止的进步。我已经告诉过他，他和查斯特只会分开几个星期。他将怎么应对计划的改变，以及这么长时间没有查斯特在身边呢？

戴伦又一次为我打气。他告诉我，查斯特很开心有一片大草地可以跑来跑去，山姆也会迎接这个挑战，而不会崩溃。戴伦又一次说对了。山姆很好地应对了和查斯特的分离——他甚至因为查斯特待在新住处而升腾起额外的责任感。他决心要一直照顾好他的小猪。

山姆自豪地把干草堆提到栅栏的另一边去，高兴地用手推车把一袋袋猪食和一桶桶水送到查斯特的房子里去。这些体力劳动也帮助了他增强肢体力量——每次他举、提、搬运东西以及攀爬的时候，他都在锻炼他的上半身躯干和手臂的肌肉。

琳达很快就发现了山姆的变化。她注意到山姆在学校表现出了更多活力。通常，山姆在上了一天课之后都会倒在椅子上，因为他太累了，没法支撑起自己的身体。但是，最近几周，山姆从没精打采变成了充满活力。

负责照料查斯特也让他更加自信。他开始更多地在学校里谈论查斯特，自豪地和CAIRB的其他孩子描述查斯特的新家，以及他是怎么照顾它的。

时间由2010年的春天到了夏天，我每天都期待着清晨的日出。上学前和查斯特的见面不仅是我们全家在一起的宝贵时间，同时也是一个奇妙的时刻。查斯特所在的高地成了一片宁静的绿洲和世界的喧嚣隔离。鸟儿的鸣叫、蜘蛛网上的水珠、野花和草地的香味——一切都静谧而美好。在一个晴朗的日子里，你能看到山下几英里开外的景色。

在那些时刻，我似乎觉得我们是这个星球上唯一住着的人：我，山姆，威尔，当然还有查斯特。

每天早晨，查斯特都必定飞奔到门口迎接我们。它会摇着尾巴，抽动着鼻子，因为闻到山姆拿着的袋子里猪食的气味。

一天早晨，我们告诉孩子们："我们会在从学校回来的路上给它送一些苹果。"我倚靠着门，呼吸乡间的新鲜空气。山姆一想到能款待查斯特，就兴奋地拍打手臂。

然后我像往常一样开车送他们到学校。那天早上我还有很多事情要做：我要和我西班牙的律师讨论房屋交易的最后事项，我要预约一辆搬家车把我们的东西从出租屋搬到新家，另外还有屋里几处显眼的损坏需要修补。

那一天一直很顺利，直到给我们翻修草坪以及收留查斯特在他田地里的园丁工人——理查德，在下午给我打了个电话。

“你的猪有点不对劲。”他说。

“你是指什么？”查斯特那天早晨看着还很好。

他说他刚刚探头进门去望了一下，看到查斯特一动不动地躺在它的屋子里。

“它可能只是在打盹。”我说。我们的猪经常这么做，所以我一开始对理查德的担忧没有在意。

“不，乔，它起不来了，它一定出了什么问题。”他沉重地说。

我沉默了。我可以听见电话那一端理查德的呼吸声，他正等待我说些什么。但是我不知道说什么。我想象着查斯特无助地躺在它的屋子里。也许一只狐狸攻击了它，留它在那儿等死？还是它不知怎么的弄伤了它自己？我的脑子里呈现出各种可怕的场景。我突然因为焦虑感到一阵恶心。

“我马上来。”我挂断了电话，朝车跑去。

我不想在我弄清楚查斯特出了什么事之前让孩子们看到它，但是我没有其他的选择。他们在学校等着我接他们。我接了他们然后马上开去高地上。我强迫自己做深呼吸，因为我不想让威尔和山姆担心。

我比平常开得要快一些。“妈妈，你给查斯特拿苹果了吗？”威尔开口问我。

该死。在惊慌中我忘记开去店里拿苹果了。我看向后视镜——山姆知道他没法按照他的计划款待他的朋友了，看上去很不安。

“我们下次会喂它一些苹果和胡萝卜，我保证。”我说道，试着拯救局面。谢天谢地，我的话起了作用。我再一次看后视镜，山姆因为能为查斯特带额外的食物而微笑着。

我在脑子里权衡着是否应该告诉孩子们查斯特的状况。山姆即使在他最好的时候也很难处理意外事件，更别说处理他最好的朋友可能生病的消息了。但是我还是决定鼓起勇气告诉他。

“听我说，山姆和威尔，查斯特可能身体不舒服，我们需要检查它，看它是不是还好。”我小心翼翼地说。

我说这番话的时候，同时看着后视镜，等待山姆爆发的那一刻。但是他没有。实际上山姆显得非常冷静。

我把车开到路边，停在高地旁边的草地上。然后山姆就抓起一包猪食，准备执行他平时的任务。如果我不是太担心查斯特的情况，我一定会表扬山姆对这个坏消息的沉着应对。我的儿子正学着怎样处理压力。

威尔和山姆在我前面跑向了门。山姆的脸一下子垮下来。

“查斯特在哪里？”他问。他看上去是那么失望，因为他的猪没有像往常一样在门边迎接他，尤其他还拿着一袋给它的食物。

“查斯特！”他大喊，声音在山谷里回响。

我们都在门边等着查斯特展示它的笑脸。

“这里，查斯特！”山姆再一次喊道。

什么反应也没有。我已经感觉非常不安了。

“查斯特！”我们一起叫喊道，声音划破了乡村的宁静。

但是还是没有回应。

我感到一阵战栗滑下我的脊椎。理查德是对的：一定出了什么严重的问题。查斯特不来迎接我们实在太不寻常了。

我们都爬过了栅栏，涉过长长的草和荨麻，走向查斯特的小屋。当我们走近些时，我们看到它的后蹄伸到了门外面。然后我们听见了它发出的声音——大声粗重的呼吸声，就像一个老人将死时的呼吸声一样。

一定出了什么很严重的问题。

山姆挤进了小屋里，而威尔和我从窗户往里看。查斯特侧躺着，痛苦地呻吟着。每一次的呼吸都像是巨大的挣扎。泪水涌进山姆的眼睛里，他躺在他朋友旁边的稻草上，轻拍他的肚皮。

“一定会没事的。”我告诉孩子们。但我更多的是对我自己说谎，而不是对他们说。一想到查斯特可能出了很严重的问题我就无法忍受。威尔和我也挤进了小屋，我们都在稻草地上手脚并用地爬到小猪的身边。我们挤在它身边就像围着一张医院的床一样。

“查斯特，哪里不对劲？”我问我们的猪。这么问很愚蠢，因为它根本不会回答，但是那一刻我感觉似乎在和一个人说话——它毕竟也是我们家的一员。

它发出了呻吟。

“哦，查斯特！”我们一起拍着它的肚子。

它又发出一声沉重的呻吟。我们不知道它出了什么问题，我只知道它需要马上得到帮助。我拿起我的手机。感谢上帝，这个山顶上还有手机信号。

我不知道我是该打电话给畜牧兽医，还是给治猫狗的宠物兽医。猪不需要检查和免疫，所以我之前从未为查斯特找过兽医。我给当地的一个医院打了电话，祈祷着即使他们不能帮忙，也至少能给我指一个正确的方向。前台告诉我她会尽快派一个兽医过来。

“请问你的地址是？”她问。

我看着眼前宽阔的空地，想着怎么样描述我在哪里。我拼凑着描述了过来路上经过的街道、十字路口和周围景物。

“他们什么时候能过来？”我着急地看着身后的查斯特。

大概还要一个小时才能有人过来。我们只能坐着不动，祈祷查斯特的情况不会恶化。时间一分一秒过去。山姆一刻也没有离开查斯特的身边，他一直在抚摸它的肚子，尽他所能减轻他朋友的痛苦。尽管遭受着难忍的折磨，查斯特显然感激山姆的安慰。山姆每一下轻拍和轻柔的低语，查斯特都会发出感激的呼噜声。真是一幅美好的景象。

我不知道兽医是怎么找到我们的。他突然出现在门口，带着他鼓鼓囊囊的器械皮包，穿着条绒裤和格子衬衫，看上去就像一个典型的乡村兽医。他穿过草地和野花向我们走来。

在他为查斯特检查的时候，我们都紧张地屏住了呼吸。山姆仔细地看着兽医脸上的表情，搜寻着答案。当他看到兽医皱眉并试着解释是什么意思的时候，琳达的情绪图画书也许正在他脑海里快速翻过。兽医检查了查斯特的肚子，轻轻地按不同的部位。当兽医的手指按在某一个地方时，我们可怜的小猪发出一声痛苦的呻吟。兽医看上去很着急，向我们寻求帮助。

“我们得让它站起来。”他说。他还没解释查斯特出了什么问题。

“来吧，孩子们。”我召集山姆和威尔一起帮忙。

查斯特的肚子很大，所以我们都能把手臂放在它肚子下面。我抱着它肚子前面，兽医抱住它的后腿底部，孩子们用手臂圈住他肚子最肥的地方。

“一，二，三！”我们抬着它翻身站起来。查斯特痛苦地尖叫着，它真可怜。我们成功让它站了一小会儿，然后它又倒在稻草上呻吟着。

“情况不太好，是吗？”我紧张地问。既害怕又想知道答案。兽医在他的皮包里翻找，拿出一根针和一小瓶透明液体。

“给它来一些止痛剂。”他解释道。当他把针头扎进查斯特的颈部时，我握住了山姆和威尔的手。血沿着它布满灰尘的皮肤流下，一直流到稻草里。看见它的血我觉得情况更严重了。

兽医看了我一眼，好像在证实情况的严重性。我向他示意跟着我到屋外谈，不要在孩子们面前提任何事。他手脚并用地爬出来，掸掉膝盖上的灰尘，站在阳光底下。我等着他告诉我结论，心止不住怦怦地跳。

“他患了梗阻。”兽医低声说。

“什么？怎么会这样？”

“它吃了什么不该吃的东西，那个东西阻塞了它的肠道。”

“但是我们一直都只喂它猪食。”我困惑地说。

我开始担心我们把它放在了一块有毒草毒花的地里。但是兽医安慰我说，阻塞不是由于它在野外吃了什么造成的，而是由于吃了加工食物，比如面包。

我很震惊。我想不出这是怎么发生的。但是我没有更多时间去想了。我需要知道我能为查斯特做什么。“那我们怎么才能去除阻塞呢？”

兽医安静地摇了摇头。

“如果我们能让它走动，也许阻塞可以移动，但是也不能确定，而且……”他犹豫着，显然不想接着说下去。我示意他接着说，于是他抬起下巴，直言不讳地说道：“阻塞对于猪来说是致命的。我能给它一些止痛药，但是我想它撑不过今晚了。”

我大张着嘴，但是一个字也说不出来。

我消化着这个犹如晴天霹雳的消息，瞥见身后小屋里孩子们正抚摸查斯特。查斯特不只是一个宠物，它就是一个人，它是我们的一员。

我开始陷入惊恐之中。我无法想象山姆会如何面对这个消息。“我的天，我该怎么样告诉我的自闭症儿子，他的猪就快要死了？”我朝着兽医脱口而出。

“你怎么能告诉任何一个孩子，他的宠物就要死了？”他反驳道。

他的话让我意识到，我总是特意保护我那个更脆弱的孩子。但是他是对的：查斯特不仅是山姆的猪，也是威尔的猪。如果查斯特死了，我们都会极度悲伤。

就在那时，我决定了我们不能让查斯特死。我下定了决心要救我们的猪。兽医说了，如果我们能让它走动，我们就有机会让阻塞的东西移开。一定要让它走起来！

我回到了小屋里，带着和往常一样的决心，每次需要战斗的时候，我都会沉浸在这样的坚定之中。我已经为了保护我的儿子和给他最好的生活而战斗，而现在我要为了让查斯特活下来而战斗。

“来，孩子们，我们要让查斯特站起来。”我指示着。我们开始行动。

这看上去一定很可笑，我们四个人抱着一只巨大的猪，试着把它抬起来。我猜我们在查斯特的重量下发出的呻吟和喘息也不比它痛苦的呻吟少！但是这些努力都是值得的：查斯特终于站了起来，蹒跚地走出了小屋，看起来就像一个喝多了点酒的人。

我知道如果有什么查斯特不能抗拒的事，那就是追孩子们。所以我让孩子们跑起来。山姆在田地里奔跑，他的弟弟紧跟其后。于是查斯特立即开始跟随他们。他只跟了几步就动不了了——但是我们至少让它动了。接着，它蹒跚地走回它的小屋里，躺在稻草上痛苦地喘气。和山姆一起玩的吸引力对它来说也不够了，可以看出它是多么不舒服。

但是我仍然没有放弃。

“再来，再来！”我召唤着孩子们回到小屋里。

兽医称赞了我的决心。他可以看出我不会放弃查斯特，所以他递给我一根巨大的注射器和一瓶矿物油，告诉我只有很小的可能性它们能起作用，但是值得试一下。

“一天两次在它的喉咙里注射一管这个，喂它吃任何可能让它肠子动起来的食物，比如水果。我不能做任何保证，但是我希望这能有用。”他说。

我谢谢他为查斯特所做的一切，然后回到了查斯特身边。儿子们和我一直待在我们生病的猪旁边，尽可能让它站起来。不久，天色已经很晚了，孩子们不能再和它待在一起了。儿子们在查斯特毛茸茸的脸上亲吻它，告诉它他们有多爱它。

它用哼声回应了他们。这是它用它的方式在说谢谢。

回家的路似乎比平时还长。孩子们尽力让自己勇敢些，但是我还是在后视镜里看到了他们的眼泪。

“我们一定会让它好起来。我们会做所有我们能做的事。”我说。我尽量让自己听上去坚定可信，但是我的声音还是因为悲伤而颤抖。

我知道家人们会希望知道查斯特的情况。因为有时差，现在打电话给戴伦太早了，但是我一回家就给妈妈打了电话。她听到查斯特的消息极为震惊。即使她差点被查斯特的撞门声给逼疯了，她仍然像我们一样深爱着它。她直接来到谷仓屋，安慰威尔和山姆，并且为查斯特做苹果酱。

“这个应该可以帮它。”她边说边搅动着灶台上的一大锅去皮苹果和水。

那个晚上，可怜的山姆和威尔一直哭着停不下来。我不知道怎么安慰他们，除了向他们保证会做我们能做的所有事让查斯特好起来。炖好了苹果后，妈妈帮我把孩子们哄上床，但是山姆不想自己一个人睡。他一直黏在我身边，不管我去哪儿他都跟着。我试着哄他上了床，但是只有几分钟后我就听见我的卧室门被敲了一下。

“妈妈，我睡不着。”他说，手里抓着他的田小班雕像。

我知道山姆只有在他最难过的时候，才会想爬上我的床。

“过来这儿。”我在被子上拍了拍。

我用手臂裹住山姆，不停亲吻他，就像查斯特会做的那样。

我做着每个母亲都会做的事，并且向我的孩子保证一切都会好起来的。

“查斯特会没事的。”我抚摸着他的头发，轻声地说。

山姆终于睡着了，但是我基本一夜没睡着。我因为查斯特的命运以及山姆的命运被悬在半空，所以无法入睡。如果我们失去了我们的猪，会发生什么呢？它是山姆的生命线，如果没有它我的儿子该怎么办？他已经经历了那么多，有了那么大的进步，我不能忍受看到他再退化回原来那样。我不确定如果再来一遍我是不是还能挺过去。最终，辗转反侧一整晚后，在凌晨的时候，我的眼皮合上了。

第二天早上，我醒来后，感觉自己像被汽车撞了一样——我一点力气也没有。幸好山姆在我的床上睡了一晚后看上去冷静多了。在我揉着眼睛时，威尔蹦进了我的卧室。

“我们现在去看查斯特吗？”他焦急地问。

我已经准备好了我的回答。

“我们下午去看查斯特。”我告诉他们。

兽医说了，查斯特很可能活不过昨晚，所以我怎么也不能冒让他们看到查斯特死了的风险。那天早晨妈妈会和我一起去看它。

我把山姆和威尔送到学校，然后妈妈和我就开车去了高地上。我们带了一大碗炖苹果，还有兽医让我们注射进查斯特喉咙里，可以软化它粪便的矿物油。我从驾驶座上爬下来，做好了最坏的打算。

这几百米从大门到小屋的距离，是我生命里走过的最长的一条路。每往前一步，都因为恐惧而无比沉重。

请不要让它死掉，请不要……我拖着脚步穿过草地时心里默默祈祷。

当我们走近小屋时，我看见查斯特的蹄子从门口伸出来。自从我们昨天离开后，它一厘米也没移动过。

“查斯特！”我呼叫着，希望它能发出熟悉的呼噜声。

没有反应。

哦，天啊，不要。我确定它死了。

但是，当我们走近它的蹄子时，从小屋侧边传来了一声沉重的、喘不过气来的哼鸣声。是查斯特——它在告诉我们它还和我们在一起。

“哦，查斯特！”妈妈和我一起叫出来。我们挤进了查斯特的小屋，给了它巨大的拥抱。它用微弱的哼唧欢迎我们，还试着抬起它的头亲吻我们，但是它太虚弱了。

“歇着别动，你这个可怜的小东西。”妈妈揉着它疼痛的肚子。

接下去我们要做的事一点也不容易——我们需要撬开查斯特的嘴，把炖好的苹果和矿物油塞进去。它因为太虚弱所以没有反抗，看到我们顽固的猪那么毫无生气，我们都很难过。我往它的嘴里注射矿物油，妈妈舀起来一些苹果酱，塞进它的喉咙里。她真是用她的手在做这件事——我们只能这样让它把水果吃进去。我们轮流用手舀一把苹果酱，然后我们再轮流把手垂直放进它的嘴里，翻过来，在它的舌头上擦掉剩下的苹果酱。这个动作很不好做，因为它还侧躺着，而且做起来很恶心。但是我们太想救它了，所以我们一直坚持。

查斯特一点也不喜欢被强迫喂食。“这是为了你好。”我们温柔地告诉它。然后我们试着让它站起来。可怜的妈妈根本不习惯抬那么重的重物。在她用力把重物背起来之前，我告诉她停下来，但是她坚持要帮助查斯特。

我们大家都呻吟喘息着，把查斯特抬了起来，领着它往门口走。查斯特朝前走了几步，停下来，然后又往前走几步。它成功地让半个身子走出了屋子，沐浴在六月的阳光下。但是在这一次巨大的努力之后，它就倒下了。它倒在草地上时，我们赶紧跳到了一边。

我不想离开它，但是我感觉没有前一天那么焦虑了。至少我们可以做一些事帮助它：喂它水果和矿物油，确保它至少站起来几次。最大的希望是它已经挺过了第一个晚上。如果我们能让它动一动，它就会好起来。我给兽医打了一个电话，告诉他查斯特的最新情况。

他问我我们能不能观察查斯特上厕所的情况，看它是不是排出了阻塞它的东西。其实也就是说，他在委婉地要求我们等着查斯特拉大便。真可爱。

这是孩子们的任务，我想。

因为都希望查斯特好起来，我们全家团结在了一起——我们发现了团队协作的力量。每天早上，山姆都尽职地守在厨房的炉子旁边；我给他找了一个梯子，这样他能够得着锅。他用木头勺子把苹果搅成泥，为查斯特熬“药”。威尔的任务则是当我们到查斯特待的地里时，他要为查斯特碗里添满水，换稻草。

即使戴伦远在石油钻井平台上，他也加入了我们，在我伤心难过觉得查斯特可能会离开我们的时候为我鼓气。他听我诉说，然后提醒我“查看大便”，开玩笑试着让我笑起来。

到了第三天，查斯特已经可以离开它的屋子了，但是它的排便似乎还没有什么“进展”。它为了跟上孩子们气喘如牛。山姆和威尔会停下来，然后开始玩他们的追逐游戏，就像他们几个月前在苹果树下玩的那样，那时查斯特还是一只小猪崽。查斯特难以抗拒他们的游戏，于是尽管它那么不舒服，它也尽力跟在他们后面。

到了第四天，查斯特可以在空地上追一半的距离了。孩子们和它在远处嬉闹，我把手盖在嘴上，在屋子边朝孩子们喊：“有大便吗？”

孩子们灰心地摇摇头。“没有！”他们朝我喊回来。

我们只有继续我们的任务：每天早晨和下午都把查斯特抬起来，直到“那件事”发生。

维持欢笑是很重要的，因为我知道有什么正在山姆心里酝酿着。尽管他表现得很勇敢，帮着照顾查斯特，但我知道他内心非常痛苦。每天晚上，山姆都要到我的床上来和我一起睡。

我认为他并不真正明白死亡是什么，但是他感觉到了事情的严重性。他的共情能力现在成了一把双刃剑。我甚至多少希望山姆无法共情，因为那样他就不会体验到痛苦，如果查斯特没有挺过去的话。我希望尽我所能，保护我的孩子们不受伤害。

我们每天要去看查斯特三次——中午我和妈妈还会再来山坡上看它一次。但是我们从来没有见到过它大便的痕迹，到了第五天，它的肚子已经胀得很大了，就像一只马上要破的气球一样。那天下午，它气喘吁吁地追在孩子们后面，喘得就像一个老人一样。它跟上了他们，但是突然间停下了脚步。

就在那时，一阵冷风吹过山坡，让我背脊发凉。我预感着有不好的事要发生了。

“回来！”我挥手让孩子们退回到屋子来。

山姆和威尔开始朝我蹦蹦跳跳跃过来，我认为查斯特会跟在他们后面，但是它已经远远落下了。实际上，它停下来之后就一点也没有再挪动它的蹄子。它的头低垂着，身体朝一边倾，摇摇欲坠。孩子们朝它跑回去。查斯特发出一声长长的哼哼声——听上去那么响那么痛苦，我确定这就是它最后一口气了。

“快！”我朝孩子们叫喊。他们及时抓住了查斯特，没让它倒下。

但是查斯特并不是要死了——它终于排出了它的阻塞物。

“他拉大便了！他拉大便了！”儿子们欢呼雀跃。

我从来没想过会因为听到这几个字而这么高兴。我跳了一小段庆祝舞，然后从我口袋里拿出手机，给妈妈打电话。

“查斯特拉大便了！”这是我接通后说的第一句话。

“哦，感谢上帝！”妈妈长出了一口气。她知道这意味着查斯特会活着了。

排出了阻塞物让查斯特顿时身轻如燕。它几乎马上就冲过了草地和鲜花，跑到孩子们身边。山姆大大地张开双臂，扮作一架飞机在天空中翱翔。查斯特一边逐渐加速，一边高兴地尖叫着。当它赶上孩子们时，他们高兴地咯咯大笑。这就像《海蒂》里面的场景一样，有鲜花，有阳光，还有明亮的蓝天。

但是查斯特跑得太快，失去了平衡，突然开始翻滚下山坡。我看到它跌倒不禁尖叫出声——它才刚刚从致命的梗阻里恢复，最不希望发生的就是意外事故。但是它蹒跚着站起来，一直追着威尔和山姆进了它的小屋。

看着山姆和威尔围在查斯特旁边，宠爱地拍着它，我感到巨大的自豪感。如果不是我的儿子们，查斯特不一定能度过这次危险——由于山姆早起为查斯特炖苹果，由于他俩帮着查斯特站起来，查斯特才恢复了健康。他们对它的爱让它重新活了过来。

可以看出来，查斯特很感激他们。它拼命摇着尾巴，兴奋地不停发出呼噜声。它一刻也不离开山姆身边——山姆站着哪怕就一小会儿，它也要趁机把它巨大的身体靠在山姆的腿上。“别这样，查斯特。”山姆在查斯特的重压下咯咯笑着说。但是他并不是真正想让查斯特别挤他，因为他喜欢被它的爱淹没。

自从山姆认识查斯特以后，山姆改变了，他开始接受感情。查斯特对山姆无条件的爱，让山姆开始愿意接受被爱。那个想一个人待着的悲伤小男孩似乎已经远去了。

铁丝网和梗阻的惊吓让我意识到现在最重要的就是带查斯特回家。尤其是我不知道，它怎么会吃掉能堵住它肠胃的、如此致命的食物。这到现在也还是未解之谜，而越早让它回家和我们在一起越好。

那天晚上，戴伦听到好消息，也放松下来。

虽然他喜欢开玩笑说查斯特是德文郡最贵的猪，他简直用不着花那么多钱在它身上，但是他承认他也因为担心查斯特的安危，好几个晚上睡不着觉。

“你为什么不说？”我问他。我是一个喜形于色的人，但是戴伦往往对他的担忧一个字也不说。他说，他在石油钻井平台和一堆大男人们一起工作，为了一头猪晚上睡不着觉并不是什么好炫耀的事！我迸发出一阵大笑。当我和戴伦都在电话里笑起来时，似乎这几个星期以来的压力都渐渐远去了。

第二天，我独自在中午去看查斯特。我感觉和它单独待一阵对我来说很重要——我想和它说谢谢，因为它帮助了我的儿子。差一点失去它更让我意识到它有多珍贵。我之前没有充分对它表达我的感激，现在危险都过去了，我想告诉它我是多么感谢它。

当我没看见它在门边迎接我时，我没有惊慌——我想它会在它的小屋里，也许还在恢复中。

看到它不在它的床上时，我开始恐慌了。

“查斯特，查斯特！”我在空旷的田地上呼叫。有些地方草长到了齐腰深，所以我没法轻易看见它。

然后我就听见了一些声响。这不是它一周前发出的刺耳噪声，而是深沉缓慢的声音，更像是……

打呼噜！

我移动着靠近了吹着口哨的呼噜声。

它就藏在一片紫色的花丛里。查斯特侧卧在地，它的肚子朝着太阳的方向。它的嘴微微张开，空气进出它的鼻子时吹出口哨声。

“哦，可爱的小查斯特。”我宠爱地叹气。

查斯特总是知道怎么让它自己舒服。我回想起它占据我们的客厅的那些时候。它的身形已经大到给我们带来不便，但是我们现在把这些都抛到脑后了。差一点失去它，让我发现什么是最重要的：把我们的宠物猪带回家就是现在最要紧的事。不久以后我们总算可以搬进新房子了。

家，温暖的家。

20
家，温暖的家

对大多数人来说，搬家后第一件事就是把包裹都拆开，收拾好东西。但是对于我们来说，确保查斯特在新家里舒适自在，是我们优先考虑的事。我们几乎差点失去了它，而我们现在只想把它带回来和我们在一起。除了出于对查斯特的爱和关心，让我们的猪安全回家这件事对山姆来说也至关重要。

搬家时间正好定在了戴伦在家的时间，但是他只有五天就又得回钻井平台去了。我们都不得不以闪电般的速度工作，打包、拆卸，还有最重要的，为查斯特修一个围栏。

这是2010年的6月24日。我们跟随着搬家车，驶在乡村路上，往我们的新家开去。新家坐落在一个三面皆山的峡谷旁，在达特姆尔国家公园的边上。这间房子和我逃离西班牙时所渴望的一模一样，有老旧的夯土墙、木制横梁、橡木地板和客厅里的一个开放式大壁炉。

这栋房子建于1610年，历史悠久，曾经属于彻斯顿勋爵的猎场看护人。它的上一任拥有者，在里面住了四十五年。他把房子外墙漆成了粉红色，和十七世纪时的农舍一样，那时当地人喜欢在油漆里混入红色的德文泥土。除了牲口棚被改成了厨房外，房子里面几乎没有被翻修过，还保持着原样。我站在客厅闭上眼睛，想象着几百年之前，住在这里的猎场看护人，把野鸡和鹿肉挂在壁炉边的横梁上。

尽管这栋房子美得令人惊叹，但是花园才是我真正爱上这房子的原因。花园占地超过了半英亩，是颜色和声音的天堂，那里有蜿蜒而过的小溪——在我们的卧室里可以听到水冲刷过鹅卵石的声音。院子里有苹果树和李子树，有树莓丛，还有温室……前一任房主喜欢各种珍奇的花，所以如果你走进小溪旁边的林地，你会发现一片陌生的不常见的植物。

花园之所以重要有两个原因。首先，这个花园可以成为山姆的感官庇护所，当他突然想要爆发时，可以在这里平静下来。其次，我希望有一个足够大的地方为查斯特安家，有这样一个大花园，它离邻居就足够远了，不会再打扰到他们。

所以搬家当天，我们把床安装好后，立即跑去自助工具商店买了接线柱和金属丝，准备为查斯特做一个围栏。

戴伦和我在把它放在哪儿这件事上有不同的意见。我希望把围栏建在林地，这样查斯特就有大片空地可以四处活动，但是戴伦说它一定会把那些漂亮的花都挖出来的。

然后我建议放它在后门旁边的门廊。

“不行，离房间太近了。”戴伦的话提醒了我，他确实在我们前一座房子里做了许多修缮屋门的工作。

但是我说，我们会给查斯特修一个它逃不出去的围栏，所以我们的屋门会是安全的。

“它会逃出去的，你等着瞧……”戴伦警告说。

“不，它不会的。”我轻松地说。什么也打击不了我饱满的热情。

商量之后，我们决定把围栏修在花园的右下角。那里离我们主屋足够远，查斯特不会毁坏房子，同时山姆从他的卧室窗户还可以俯瞰查斯特的围栏。

另外一个让人为难的是，怎样能让查斯特的围栏足够坚固。我们决定用老式的办法，用接线柱和铁丝修围栏，再在围栏旁边搭一个梯磴，这样我们能进出，但是查斯特不能。

戴伦召集孩子们为他搭把手。这次还像修游戏屋时那样，只是现在山姆的上肢力量已经增强了很多，他可以帮忙搬东西了。我看到山姆自信地把接线柱递给戴伦，帮威尔打开缠在一起的一大卷金属网格线。我看到他适应得那么好，感觉松了一口气。我们很幸运，上一任房主很理解我们儿子的自闭症，所以允许我们带着山姆在搬家前来参观过几次。

让山姆看见接下来会住在哪儿，他就可以积极应对改变而不是被吓倒。他甚至自己在学校画了一幅图，图上是我们粉色的农舍，下面写着“这是我的新家，我在这里会很幸福”。他到哪里都带着这幅画。

山姆已经迫不及待想要赶紧修好围栏，把查斯特从高地上接回来了。每隔几个小时，他就会问：“我们去接查斯特吗？”

到了第四天，我们终于可以去接它了。

在去钻井平台前戴伦拼命地把围栏修好了。我的新家里面还很混乱，到处都是堆得高高的盒子，但是我们的猪的新家看着就像一座宫殿一样。然而这只是为了让查斯特安全回家而付出的一点小代价。

我们打电话给斯蒂芬斯先生，让他再次帮我们搬运查斯特。

这次我们的车队从高地出发，沿着山路驶过山坡和山谷。查斯特的小屋在拖拉机前面嘎吱作响，我们都不知道等到达目的地时它还能不能保持原样。当我们到达以后，斯蒂芬斯先生用猪板和猪食把查斯特引到它豪华的新家。当查斯特和它的小屋都被放好后，戴伦立即用木板封住围栏的最后一部分。

查斯特看上去对它的新地盘很满意。它用鼻子在草地里到处搜寻，闻新的味道，查找有哪些虫子能被它翻出来。

“用不了一周，这里就会变成一片泥坑的。”戴伦朝这块长方形草地努努嘴。查斯特正站在葱郁的草丛和三叶草中，高兴地到处闻来闻去。

但是这是我们自己的草地，就算挖了也没关系。

山姆倚靠着围栏，下巴枕在他的手臂上，沐浴在夏日的阳光中。查斯特看到山姆待在那儿，发现这是个亲吻它朋友的好机会。于是它前腿爬上一根接线柱，用后腿支撑身体，头正好够着山姆的头。它哼唧着用鼻子擦过山姆沐浴在阳光里的皮肤，就像他们第一次在彭尼维尔农场里见面时那样。

“我爱你，查斯特！”山姆对它说。

所有的辛苦工作都是值得的。我们心想，一切都很完美，所有发生在查斯特身上的事都在这天结束了。我们全家又重新团聚了。

我们一起在露台上吃了一顿晚餐来庆祝。我做了一大碗酱汁意大利面。但是到了最后一分钟我才发现我忘记把刀叉放在哪里了。我们一直都在忙着搭查斯特的围栏，所以我还没把它们找出来，之所以我们直到现在才用上它们，是因为之前我们主要都吃一些野餐食物。但是我已经没时间在堆积如山的盒子里找餐具了，于是我们最后用的是吃沙拉的塑料勺子。用勺子吃意大利面并不是很理想，于是孩子们一边阻止意大利面从勺子上滑下去，一边咯咯地笑。

我们可以从门廊上看到查斯特，它也能闻到我们以及食物的香味。把它排除在外对它不太公平，于是山姆给它带了整整一盘食物，不过里面没有意大利面，因为我们不希望它再被食物梗住。

一两天之后，山姆画了一幅很特殊的画。我闲逛着收拾东西的时候，从他身后扫过，发现他的作品已经有了雏形。他正在画我们的农舍。他画了沿着小路通往我们新家的小溪，还有石桥。然后，在他的画里，小溪进入了我们的领地，泛着银光蜿蜒流向花园底下。花园里，他画了一棵巨大的苹果树，上面挂着十二个红苹果，还画了很多绿草和鲜花。

但是吸引我眼球的不是翠绿葱郁的植被。

山姆画了一个男孩和一只猪在花园里玩耍。

这是他第一次自愿画查斯特。琳达曾经在学校让他画过查斯特，但是山姆从来没有自愿画过他这只特别的猪。

这是一幅很欢快的画，我想这是因为我们搬进了我们永久的家，而查斯特搬进了它自己的一片地，山姆感到很安全，于是画了这幅画表达他的喜悦。

这一次送戴伦离开去钻井平台，我格外不舍。一切都显得那么完美，我希望他和我们在一起再待一段时间，让我们的房子真正变成我们的家。

“等你回来的时候所有东西都会收拾好。”我向他保证。

“还有查斯特会毁掉它的那片草地！”戴伦也提醒我接下来会发生什么。

戴伦是对的：还不到一个星期，草地就被我们贪婪的猪翻了个遍。但是至少目前草地占据了它的注意力——它还没跳出围栏外面。

不过最终那还是发生了。我在厨房，听见了一阵大笑，接着是一串响亮的呼噜声。我冲进客厅，看见查斯特迈着小碎步跑来跑去，鼻子伸进每个角落和缝隙里到处闻。听到它的蹄子抓橡木地板的声音，我不悦地蹙起眉头。

“查斯特，出去！”我试着把它赶回花园去。

但是查斯特一点也不愿意回它的围栏里去。它想检查我们的垃圾箱里有什么。让我告诉你吧，试图把一只九十五公斤重的猪和食物分开是不可能的。我试着推它、拉它，但是它下定决心要探寻厨房的垃圾箱里有没有任何食物残渣值得翻出来。

同时，孩子们在一边窃笑。

我很恼怒查斯特造成的这些混乱。“是谁让它进来的？”我盘问道。

“是我，妈妈。”山姆淘气地笑着承认。

查斯特不知怎么逃出了它的围栏，而山姆看到它在花园里自由地奔跑，就打开了后门让它进来。显然他很怀念查斯特干坏事的样子！

我终于把查斯特赶到了厨房外面，试着引它回花园去。但是它强行从我腿边挤过，跑回了客厅。对我来说它太强壮，跑得太快，一眨眼间，它已经蹦蹦跳跳穿过了屋子，跳上了它最喜欢的绿色沙发。

这简直是最荒谬的一幕——一只巨大的猪坐在沙发上，把笑脸对着我们，而沙发的底部因为不堪重负一直塌陷到了地板上。幸好这不是一件昂贵的家具！

此时，孩子们都笑弯了腰。我甚至也觉得好笑。这会儿查斯特看上去那么可爱，让你很难对它生气。另外，我多少知道，它只是想回到屋里和我们在一起——谁能因为这个原因责备它呢？

我对不得不让查斯特住在花园感到一阵内疚，于是决定让它在沙发上再坐一会儿。这又能有什么坏处呢？

但结果是，有很大坏处。不出所料，不到五分钟后它就开始制造麻烦——鼻子伸进收拾了一半的打包盒里，撞翻椅子。我很确定，它希望它的恶作剧得到回应，就像一个渴望被关注的小孩一样。

“行了，快出去！”我叫道。

山姆、威尔和我都在手里抓了一大把猪食，在手里弄得嘎嘎响，试图引诱它到后门外面去。其实，食物是不必要的——指示山姆跑进花园，查斯特就跟着他跑过去了。

我们朝着围栏走去。戴伦一如既往的聪明，他当然早已预见了今天这种情况，所以他设计的围栏上有一些可以移动的木板条，我只需要把木条抽出来，就是一个临时入口。看到前面的入口，山姆全速冲进围栏，查斯特也跟着他跑进去，享受追逐游戏的乐趣。就在查斯特冲进围栏的一瞬间，我把木头推回原处，我们的猪就被关进了围栏。然后山姆爬上梯磴回到花园。

“那儿，妈妈！”山姆指着远处铁丝网上的洞，查斯特就是从那里逃出来的。

你这只聪明的猪，我想。围栏的那一边是树篱，我们想着树篱是一道天然的屏障，所以只用了铁丝网拦住。我不得不佩服它——它看到了围栏最脆弱的一部分。它肯定在过去这周用它的鼻子作杠杆，在我们看不见的时候撬铁丝网。这证明了它的决心。查斯特想和我们在一起的愿望，比任何固若金汤的堡垒都要强大。

而且，我认为这也是山姆为什么在它逃出来后放它进屋的原因。除了看着好玩，山姆可以感受到查斯特对自由的渴望。山姆也需要一个自由呼吸的地方——如果压力太大，他喜欢跑进花园发泄。他新的发泄地是一片和查斯特的围栏平行的草地。

我想不到怎样堵上查斯待弄出来的洞，于是我抓了手边的一件物品——梯子。

我用力把它拉过花园，塞进绿篱和围栏的缝隙中。这样应该可以了，我想。查斯特同时抽动着它的鼻子和耳朵，好像在说：“你真的以为这样就能挡住我出去？”

但是也只能先这样了——我还有其他事情要做，比如把打包盒里的东西收拾好。

难以置信的是，接下来的几个月都很安静。查斯特没有再逃出来，而山姆也因为查斯特的安静而情绪稳定——他对他的新家非常满意。于是，在2010年11月，当琳达建议CAIRB的孩子们去达特姆尔露营时，我自信地答应了她。

琳达总是鼓励孩子们走出他们的舒适圈，体验主流班级学生们喜爱的活动。在这次的旅行中，她挑选了四个她认为能够在帐篷里应付两晚露营的男孩，其中就有山姆。

就像每一个挥别她的孩子踏进世界的紧张母亲一样，去旅行的那天早上，我检查了好几次山姆的背包，然后才把他送去学校。

“他不会有事的。”琳达向我保证。她把山姆的包小心地放在车后面的行李箱里。幸运的是，我可以毫无保留地相信她。

山姆显然也很信任她。他的大冒险就要开始了，而他一点也不紧张。当他跳上琳达的车时他甚至没有往后看。他清楚地知道会发生什么，因为琳达的故事书都告诉他了，所以他很放松。琳达对这次露营计划得十分周详。我知道除了琳达，还有两个助教也会跟着孩子们去露营，所以我也不用担心，山姆会被照顾得很好。我轻快地朝他挥手告别，露营队伍朝着达特姆尔行进。

当我回家时，我告诉自己，这不仅是帮助山姆学着独立的很好的经历，同时也是我和威尔在一起的好时候。尽管作为山姆的弟弟他从来没有抱怨过我给了他哥哥太多关注，但是我知道现在是我真正能和他一对一相处的好机会。我会告诉他，我有多为他自豪，以及我有多爱他。

我问威尔那天下午想做什么——现在整个世界都属于他了。他的答案让我很惊讶。我以为他也许会说想去玩具店，甚至是去彭尼维尔农场（我们的新房子离农场只有五分钟左右的路程）。但是他说他只想和查斯特还有我在一起。我能想到我们三个在一起的最好方法，就是打扫查斯特的猪圈，而威尔对这个主意感到很兴奋。

我们跳进了车里，开车去塔克斯，附近的一个农场用具商店。我们买了一大捆稻草和很多猪食。稻草捆太重了，没法拎到花园去，所以我们把它放在手推车里，准备从车边运过去。然后有趣的事开始了。威尔爬到了稻草堆上，头上顶了一口平底锅作为“安全帽”。我抓住手推车的把手，和我高兴的乘客一起跑向查斯特的猪圈，我故意中途“撞上”树或其他的障碍物。在这趟路程中威尔的身子上下左右颠簸，他紧紧抓住手推车的两侧，笑着尖叫。平底锅的手柄从他头上以九十度角伸出去，看着很滑稽。威尔很喜欢这样的恶作剧冒险，还有他自制的“头盔”！

查斯特听见我们过来，开始连续不断地发出大声的深沉的呼噜声，因为它有好几个小时没见到我们了。因为查斯特的后院现在已经变成了泥沼地——就像戴伦预料的那样，我们预先穿了长筒雨靴。当我们到达目的地时，威尔从稻草堆上跳下来，帮我把稻草堆抬进查斯特的家里。

打扫猪圈意味着给查斯特的水槽换水，清理它上厕所的地方（猪圈右下角），以及更换它用来睡觉的稻草。查斯特总是坚持自己铺床。它喜欢我们把稻草捆解开放在它的小屋里，这样它就可以用鼻子把稻草铺开。它很聪明，甚至把一些稻草推到前门前面，准备在晚上它把蹄子伸出去时垫它的蹄子。

当查斯特、威尔还有我清理猪圈时，威尔和我随意地聊天。

我的小儿子现在才六岁，但是由于我们和山姆一起经历的一切，对他这个年纪来说他已经相当成熟。他仍然淘气放肆，但是同时也很体贴和理智。因为山姆的自闭症，威尔不得不成为一个年幼的照顾者。全英国有成千上万像他这样的自闭症患者胞亲，而且在我看来他们没有得到足够的褒奖。尽管主要是戴伦和我在照顾山姆，但威尔只是和他的哥哥住在一起就已经被置身于责任之中了。这对他来说并不容易，但是他一直做得很好。在打扫查斯特的猪圈时，威尔向我透露，他对山姆的照顾进入了一个新阶段。我之前一点也不知道，直到现在威尔告诉我，他有时候是这样帮助山姆早上穿衣服的——没收他哥哥最喜欢的田小班小雕像。

威尔告诉我，他会把它藏在身后，直到山姆以正确的顺序穿上衣服。我很震惊，原因有二：首先，威尔想到了这样一个主意去帮助他的哥哥；其次，这个方法起了作用，山姆没有崩溃。通常，山姆如果和他最喜欢的玩具分开，他都会变得非常沮丧。这是一个冒险的举动，但是成功了。如果我尝试这样的方法，山姆也可能会以同样积极的方式回应；但是我知道我永远也不敢去尝试，因为我有时会为了不让他崩溃而过分保护他。一旦他崩溃，对我俩都会是很大的打击。但是威尔没有这样的本能，相反他想推他的哥哥一把，告诉山姆他可以比他想象的做得更多。

“我只是想帮助山姆。”威尔吐露他的心声。

意识到威尔对帮助山姆充满自信，我觉得既安心又感动。我使劲拥抱了他，真为他感到骄傲。

查斯特感受到了我们的情绪，也想分享这一刻，于是摇摇摆摆走向我们，厚厚的毛皮上还沾着稻草叶。它温情脉脉地靠着我的腿，我和威尔都给它耳后挠痒痒。

突然，我有了一个想法——我们为何不用扫帚挠它的肚子呢，就像默里先生为彭巴做的那样？扫帚的枝条一触到它的肚子，它就倒在了地上，方便我们给它挠肚子。威尔帮助我用扫帚来回扫过它的灰色大肚子。每扫过一次，查斯特就发出一声高兴的呼噜声——没有什么比挠痒痒更让它满足了！

那天傍晚，我陪威尔在餐桌上玩乒乓球，还给他做了他最爱吃的墨西哥辣味牛肉。我们上床睡觉时都很疲惫，因为打扫查斯特的猪圈很辛苦，但是我们都非常非常开心。

夜里，我醒了。窗外刮起了大风。我第一个想法当然是：山姆还好吗？这糟糕的天气看上去并不适合露营。但是，我知道琳达会把每个孩子都保护好。凌晨我被手机吵醒，手机的嘟嘟声提醒我有一条新短信。

这条短信来自琳达："昨夜刮大风，每个人都很安全，我们将继续前行。"我就知道没事的。而且谁知道"惊险"的天气会不会给他们的"冒险"带来更多乐趣呢？

我是对的。当旅行结束，我去接山姆的时候，他脸上印着大大的笑容，跑过来给了我一个拥抱。我再次相信，离开西班牙来德文是我为山姆做过的最好的事。

每一周山姆都变得更强大和自信。更重要的是，他越来越能调节自己：理解由于自己的病而带来的坏心情，随之做出反应，并且采取措施避免它发展成彻底的崩溃。如果他在上课时需要逃避一阵，他会给他的助教（他有两个助教：肖特太太和斯卡尔太太）出示一张卡片。如果他在家需要释放压力，他会跑去屋外查斯特的猪圈旁，在他最喜欢的地方待一会儿。

尽管山姆的状态似乎一天比一天更好，但是天气并没有变好。达特姆尔的大风夜之后，严寒的冬天到来了。2010年12月17日，学期最后一天的早晨，真正艰苦的日子到来了。

我一开始醒来的时候并没有注意到有什么不同，因为外面还是一片漆黑。我进行着通常的早晨日程——打开厨房的灯，倚在温暖舒适的炉子旁边，等着壶里的水烧开。孩子们穿着他们的睡衣下楼，睡眼惺忪。我几乎无意识地在雾蒙蒙的窗户上擦出一个洞，望着外面的黑暗，直到水壶开始鸣笛。外面的路看着和平时似乎有些不一样——尽管外面很黑，但是厨房的灯光似乎洒在了一种不同质地的路面上，闪耀着光芒。

我打开了屋外的灯——我简直不能相信我的眼睛。整个屋外都被厚厚的一层雪覆盖了。

“孩子们，下雪了！”我高兴地叫。

他们冲出客厅，直奔后门。我不得不阻止他们光着脚踩出去。虽然他们在前一年看到落了一层雪的乡村景色，但是完全没有现在这么引人注目。我也从来没有见到过这么大的雪——深到我都没办法开车送孩子们去上学了。好笑的是，他们对这个消息并不很失望。

白天孩子们堆雪人，躺在雪地里，扮成雪天使。我们的花园和以前全是绿色的时候一样漂亮。树像是被浸在糖霜里，而查斯特的小屋就像一个滑雪小屋，屋顶全部盖满了雪。我喜欢雪踩在我靴子底下发出的嘎吱声——把我带回美好的童年：和妹妹打雪仗，还有在法国的阿尔卑斯山滑雪。

查斯特也对天气的变化感到高兴，因为山姆和威尔一整天都在它的围栏边玩耍。它看上去可以很好地应付寒冷，当它需要暖和一点的时候，它就钻进屋子睡在它的稻草床上。我不是太担心它，因为我想第二天雪就会停了。

但是我错了。雪一直下个不停，直到积雪有了九英寸厚，而我们真的被大雪困住了。

一开始很有趣，因为雪让全家人联系在了一起，但是随着雪越来越深，连邮递员都过不来了。他把我们的信件和包裹都留给住在一英里以外的农舍的人，而我们最近的邻居，住在隔壁农场的詹姆斯，会用雪橇把我们的信件和包裹从农舍拉过来。每次他来，都像一个圣诞老人，拉着一雪橇的礼物。这个景象很神奇，阳光在雪地上跳跃，闪耀的蓝色冰柱挂在头顶光秃秃的树枝上。孩子们裹在帽子、围巾和手套里面，在路边等着詹姆斯，无法克制对将要送来的“礼物”的兴奋之情。

幸运的是，我已经备足了我们的圣诞食物。因为我们没法去超市，我们一直都吃存着的食物。

但是到了下雪的第五天，事情变得严重了。我们早晨起来后发现查斯特屋里的稻草在夜里结冰了。问题出在木制的小屋上——雪渗进了墙和地板，稻草变得湿乎乎的。而在晚上气温骤然下降时，稻草就完全结冰了。可怜的查斯特基本上算是睡在了一张冰床上。

我感到很内疚，想着它一定很冷，于是溜进它的围栏里，看它是不是还好。它看上去没事——它是一个强壮的动物——但是当我轻拍它的背时，我可以感觉到它在颤抖。我用手臂抱住它，或者说尽量环住它（因为它身体很大），然后给它按摩，试着让它暖和起来。看着我的动作，山姆和威尔明白了我要干什么，于是也一起参与进来。随着我们三个人的按摩，查斯特振奋起来，在我们揉它的背和肚子时高兴地咕噜叫。

我很想把查斯特带进屋里过圣诞节，但是我知道，我如果这么做它会毁了我们的新家。上一次它逃出围栏就造成了很大混乱。所以不幸的它不能进屋。作为补偿，我会尽我所能让它在它的屋子里舒适暖和。

“来吧，孩子们，我们得让查斯特待在暖和的小屋里——现在这样不行。”

我在温室里拣了一把尖嘴镐，劈砍冻住的稻草。山姆用铲子把劈开的稻草冰碴铲走。他执意要亲自清理冰块。查斯特一直靠在山姆的腿上，吸取温暖和安慰，这让山姆干起活来更不容易。但是山姆迎着困难，坚持了下来，他把泥状的冰铲进手推车里，只是在查斯特碰到他的皮肤时咯咯地笑。然后，威尔再把手推车里的雪倒在猪圈里泥泞的地方。

埋头苦干两小时后，我们终于把查斯特的屋子都清理好了。我们为查斯特准备了一捆新鲜的稻草。由于知道接下来会做什么，查斯特高兴地发出响亮的呼噜声。我把稻草捆放进它的屋子里，剪开捆住稻草的粉色绳子。查斯特立即把稻草铺开，开始铺它的床。

我很担心查斯特的床还会再冻上，所以我问了我们的邻居和新的“邮差”——詹姆斯，我应该做什么。这位农民很贴心地建议，在他的谷仓里挖一个坑，作为查斯特临时的家，直到雪被清理掉。但是如果我接受他的提议，我要面临签署猪的搬运文件的问题——这绝非易事，因为我们被大雪困住了出不去。所以我决定，还是让查斯特待在我们眼皮底下，这样对山姆来说也更好——我们只是需要保证每天检查几次它睡的稻草。

在圣诞节期间做这件事更容易，因为有一群帮手马上就要到了——我的妹妹，她的男朋友西蒙，她的孩子汤姆和丹，当然还有我的妈妈。所幸的是，大雪并没有阻止他们来看我们：在他们来之前，拖拉机已经在雪地上清扫出来一条路。

这是一个难忘的白色圣诞节，我们把花园作为我们的冰箱——我们只有一个前房主留下来的小冰箱，装不下节日的所有食物。孩子们喜欢在我准备圣诞节晚餐时，来来回回地为我在花园里取食物。感谢上帝，查斯特没有逃出来——如果它逃出来了，我们很可能就只有和我们的圣诞节晚餐说再见了！

山姆已经等不及想大快朵颐了——不仅因为他很饿，还因为他吃完了就可以给查斯特带一些食物去。山姆跑进雪里，头上还戴着纸做的皇冠，手上拿着一盘堆得高高的火鸡、火鸡填料还有蔬菜——我们甚至还为查斯特舀了一些红莓酱！山姆还没到门边，查斯特就用后腿站立起来了。如果一只猪可以流口水的话，它一定流口水了。它嚎叫了一声，声音大到我们在餐厅都能听见。

我们美好的圣诞节只缺了一样东西，那就是戴伦。他签了合同得在圣诞节工作，所以我必须等到新年到来之前才能看到他。我们给他准备了一大堆礼物，放在树下，但是他回来的时候还没进屋就给了一个让我惊喜不已的礼物。

晴朗的冬天，阳光穿过了挡风玻璃。我正准备下车，他却抓住了我的手臂。突然，他看上去很紧张。

“戴伦？”我不确定地问。

“你愿意嫁给我吗？”他脱口而出。

我根本没有预料到！呼吸凝滞在胸腔中，我有一刻完全说不出话。然后微笑爬上了我的脸庞。

“我愿意！”

我猜这不是世界上最浪漫的求婚，但这丝毫不会减少我们对对方的爱。

在戴伦求婚的时候，我们已经在一起三年半了。我们在西班牙时经历的所有困难和挫折都已经远离我们了：我们现在已经安顿下来，而且山姆的症状一直在减轻。结婚对于我们来说是锦上添花的事，让我们成为真正的一家人。

我已经等不及要迎接我们的大喜之日了。

21
婚礼的钟声和猪的故事

我想让查斯特出席我们的婚礼，它是我们的家人。似乎只有它出现在那儿才是对的。我想象着它脖子上戴领结、头上戴稚菊花环的样子会有多可爱……

但是我又想起来那次搬家聚会的惨状，它偷了我们客人盘子里的食物，还把浴室墙上的墙纸撕了下来。

我们准备在邻近的村庄高尔斯华绥的一家乡村旅馆里举行结婚典礼和招待宴会。戴伦很理性地说，如果我让我们的猪无所管束地参加结婚典礼和宴会的话，有很多事可能都会被搞砸。因为戴伦求婚的那个白色圣诞节给我们留下了奇妙的回忆，我们决定举行一个冬日婚礼。这会是一场低调的宴席，只有三十多个客人。查斯特不会出现在他们中间。不行，我要想出另一种办法使它成为婚礼的一部分。

“我知道了！”有一天，戴伦和我在计划婚礼时，我突然惊呼，“让查斯特出现在我们的婚礼蛋糕上！”戴伦对这个主意很感兴趣，于是计划开始了。

我们选了达特茅斯的一家蛋糕店为我们做婚礼蛋糕。接下来，我拿着查斯特的照片来到这家蛋糕店。他们也许觉得我疯了，竟然要求在蛋糕的设计里加上一只猪！我翻阅着他们的图册，发现了其中一种蛋糕图样正好总结了我们混乱的生活。蛋糕上是新郎和新娘躺在四柱大床上，周围全是宠物。我问他们能不能用糖霜做一只猪，而不是图片里的一堆猫和狗，然后把猪放在床尾。

“就交给我们吧。”他们因为我们奇怪的宠物而被逗笑了，一边说一边强压笑声。

威尔将会是伴郎，山姆将把我交给新郎。这是戴伦和我让儿子们参与我们婚礼的方式。我们希望这场婚礼是属于我们一家人的仪式。

山姆只需要说几个字，但是站出来在所有的客人面前说话，对于他来说会是相当大的一件事。由于他最近几年所获得的自信，我相信他会在这个场合应对得很好。我知道如果查斯特在他身边的话会对他有所帮助，但是我只能告诉他，查斯特只会出现在蛋糕里，在精神上支持他。

2011年12月19日，我们的大喜日子到来了。你可能会想，我应该比较冷静，因为这是我第二次结婚，但是我发现自己在不停地纠结一些小细节，比如花的摆放位置、座位排表和孩子们的娱乐活动等等。我希望一切都很完美，从婚礼小礼品——银色的圣诞节饼干，一直到餐位卡上的斜体字。

我在学校里最好的朋友，彭妮，帮助我缓解了我婚前的紧张。当孩子们为戴伦做准备时，她拿着一瓶香槟，出现在我的酒店房间里。彭妮为了我们的婚礼，和她的两个儿子专门从法国一起飞过来。她是一个传奇式的人物，有一头金色短发和健美的体型，看着有些像凯特·布兰切特。她能来真是一件好事。即使我们基本上见不到对方，但一见面我们的友谊马上就回来了。

“现在，我想问你我爸爸在我婚礼那天问我的话。”她开玩笑地说，给我的杯子里倒上香槟酒，她停顿了一下，以产生戏剧化的效果，“你确定你想做这件事吗？”

我们一起爆笑出声。

“是的，我确定！”我宣布道，同时仍然在咯咯地笑。

“那么，我们回到我们的正题吧。”她给房间服务中心打了电话，给我点了一份早餐，“你不能饿着肚子结婚！”

时间差不多了，彭妮帮我穿上了我的象牙色长裙。这次我挑选了一件不那么繁复的婚纱裙，一件简单的露背装。一群专业人士帮我做好头发化好妆，把我的披肩长发卷成卷，让它们自由地垂在我背上。我拿的漂亮花束是点睛之笔，由达特姆尔的野生小花、松果球、白玫瑰、飞絮柳以及槲寄生（因为是圣诞节）一起组成，用银色的彩带束在一起。

我们婚礼的颜色主题正是银色和奶油色。我之前挑出了银色的领结和马甲背心给孩子们穿上。婚礼开始前，他们和表兄弟汤姆和丹一起走进我的房间。他们看上去好极了，我高兴得有些心花怒放。

“你们今天都很帅！”我惊呼道，为他们把领结整平。

“一会儿别哭出来呀。”彭妮警告我别太情绪化，因为眼泪会把精致的妆容弄坏。

她接着把所有人都引了出去——只剩下山姆。山姆会和我一起沿着走廊走下去。

还有不到一个月山姆就要满九岁了。他睁大眼睛盯着我。

“妈妈，你看着很漂亮。”他强调了每一个字，真是太贴心了。

我们被一阵急促的敲门声打断。酒店店主伸头进来告诉我们：“大家都在等你们了。”

一百只蝴蝶在我的胃里扇动着翅膀——我是如此紧张又兴高采烈。我马上就要嫁给戴伦了。我想象每个人都坐在楼下的客厅里，戴伦和威尔在走廊的尽头等着我们出现。

“来吧，山姆，我们出发吧。”我把他的小手牵在我的手里。

今天，他会是我的支柱，给我支持和力量。我的父亲和我的叔叔都去世了，我需要山姆在我旁边。我们的角色调换了——我依靠他，而不是他依靠我，因为他是帮助我走到结婚台上的小男子汉。我的儿子将会漂亮地面对这个大场面。

摄影师在楼梯底下等着为我们拍照。她逗我说我看着很紧张。因为我穿着高跟鞋几乎下不了楼梯——我通常都穿雨靴。我拼命地抓住山姆的手，摇摇晃晃地一步一步走下去。我们终于走到了楼梯下面，一起朝客厅的门缝望进屋内。我看见戴伦紧张地用手弄平他的黑色羽绒夹克。威尔也在里面，拿着奶油色的皮盒子，里面装着我们的结婚戒指。我还看到了我妈妈坐在前排。

然后风笛吹奏了起来——是戴伦喜欢的声音。他的很多同事是苏格兰人，他们常常在甲板上吹风笛。他经常在电话里告诉我，听到钻井上飘扬的风笛声让他激情澎湃，所以他希望这个鼓舞人心的乐器能在我们的典礼上奏响背景音。听着悦耳的旋律，我能理解为什么他被风笛声感动。

我仍然牵着山姆的手，我们推开客厅的两扇门走进房间。一阵花香扑面而来，整个屋子都被花填满了。然后我们感觉到每个人的眼睛都盯在我们身上。

“你做得很好，山姆。”我轻声告诉他。

当我们走过长廊的时候，山姆开始紧张地吮吸自己的食指，眼睛盯着地面。客人们为了看见我们伸长了脖子。山姆的紧张显而易见，而他还成功地保持着冷静，我为他骄傲。

戴伦忍不住回头看我，微笑爬上了他的脸。

“你看着很漂亮。”他用唇语说。

血冲上我的脖颈，我的脸颊泛起红晕。我们停在宣誓台前，山姆仍然在吮着手指。我的眼睛扫过山姆和戴伦。

“做得很好，山姆。”我低声说。

典礼开始了，我的儿子停止了吮吸手指，抬头盯着宣誓台，迫切地想在正确的时候说出他的台词。主婚人清了清嗓子，为接下来的重要时刻做准备。

“谁来把乔娜交给新郎？”他的声音在房间中回响。

主婚人低头看山姆，希望让我的儿子感觉到自己的重要。山姆也用他天使般美丽的脸庞看着主婚人。每个人都安静地等待山姆说话，大厅里安静得一根针掉下你都能听到。

“是我。”山姆自豪地说。

每个人都露出笑容，房间充满了欢乐。我们的客人都知道，对于山姆来说，在众人面前说出这句话是一件不容易的事——但是他做到了。

我看着戴伦，我们的脸上都闪耀着同样的自豪和爱。突然间，房间里似乎只剩下了我们四个人——我、戴伦、山姆和威尔。其他的人都褪色成为背景。虽然只是我和戴伦在台上宣誓，但是这个场景代表了更大的融合：我们四个在一起，成为一个完整美好的家庭。当戴伦和我交换誓言时，我们并不只是在表达对对方的爱，还有对我们孩子的爱。

这天余下的时间都像在梦里一样。食物非常棒，气氛非常好……我不能再奢求比这更完美的婚礼了。

我们尽我们所能，把孩子们囊括在我们一整天的庆祝之中。我为他们准备了一大堆礼物，用银色包装纸包好，放在圣诞树下，当宴会开始时他们就可以打开这些礼物。那天傍晚我站着和我母亲聊天，乐队大声奏着音乐，我用余光看到孩子们撕开了礼物。我们送给了山姆一些乐高玩具。他很喜欢这种玩具，因为它需要一步一步按顺序搭建起来，符合自闭症儿童的习惯。

我留意着儿子们，看到山姆把他的乐高玩具拼在了一起，现在还有最后一片需要拼上去：王冠。他的表弟汤姆，就坐在附近。他无知地靠过来，把最后一片乐高放到了山姆搭好的玩具上。

“就放这儿，山姆。”他轻快地说，因为帮了忙而高兴。

搭好乐高玩具对我的侄子来说并不意味着什么——但是对于山姆来说意味着一切。最后一片乐高放好就意味着玩具完美地搭好了，所以对山姆来说，由他亲自把这片放上去是很重要的。而汤姆替山姆完成，导致了山姆巨大的沮丧感，加上乐队的噪音，都让他无法承受，把他送上了崩溃的边缘。

山姆突然哭着拔腿跑出房间。从我的经验来看，这次崩溃会比较严重，于是我的第一直觉就是保证山姆的安全。我收拢我的婚纱裙，踢掉我的高跟鞋，追在他后面。我跑上弧形楼梯，沿着走廊跑进图书室。

砰！砰！砰！山姆打自己的脸，哭得眼睛都肿了，胸膛因为抽泣一起一伏。

“山姆，停下。”我恳求道。就在几分钟内，我的角色从一个新娘，变成了一个需要帮助的自闭症儿子的母亲。

我试着用手臂拥住他，抱在怀里抚摸他。我试图让他感受到自己的存在，让他知道自己是谁以及自己在哪儿，而不要陷入他的暴怒情绪中。

但是拥抱和抚摸这次已经不能让他冷静下来了。他实在太愤怒，现在处在一个我认为很危险的状态下。他打我、捶自己、用指甲抓……我没有足够的力气抱住他，他挣脱了我。他太沮丧，我十分肯定他会伤害到他自己。

“山姆！”我再次恳求。他跑下了楼梯。

我跟在他后面，心跳得厉害，耳朵都能清楚地听到心跳声。楼下悦耳的音乐现在只让我觉得吵闹。我希望它停下来。我希望山姆停下来。

他冲进了我们的卧室。加油，乔，我告诉自己，你必须赶紧想办法。我拼命地在脑中搜寻着帮助山姆的办法，但是我意识到我没有其他的选择了——我只能再增加力量，不只是拥抱和抚摸他。

我躺在他身边，用我的一部分重量压住他，紧紧锁住他，安全地禁锢住他，让他动不了。音乐声仍然从天花板上传下来，我希望音乐停下来，因为山姆敏感的听觉，只会在他目前已经高负荷的情况下再增加他的压力。

“没事了，山姆。”我试着安慰他。

我按压他的肌肉，轻拍他的头，用手掌捂住他的耳朵，让他和乐队的噪音隔开。二十分钟后，门被打开，彭妮出现在门口。她看见我们一下惊讶得说不出话。

“没事。”我说。我的声音闷闷的，因为我的脸还埋在床单里。她偷偷走近床边，想要帮忙但是不知道该怎么帮。

“我没想到。”她说。她的言下之意是，当你有一个自闭症的儿子时，你随时会面临不可预测和无法控制的状况。

但是你在这样的情况发生前，并不能预先知晓。山姆的崩溃是一个警示，告诉我不论他看上去进步了多少，自闭症都会是他的一部分。如果他无法承受周围环境，今天这样的情况就不可避免地会再次发生。

幸运的是，渐渐地，我身体的重量对他的神经系统产生了作用。他不再攻击我，我轻轻地从他身上移开。他的呼吸很沉重，我抚摸他的头发和他疲惫的身体。

“下楼去吧，我来照顾他。”彭妮坚决地说。

“我不能离开他。”

但是彭妮坚持着。最终我让步了。当我轻轻溜走的时候，山姆已经在彭妮的手臂里安静地睡着了。

我下楼的时候，在脸上重新放上笑容。我不希望我的客人们觉得出了什么事。然而我内心却在哭泣。说到底，山姆这次崩溃我也有一定责任。今天对山姆来说实在是太忙碌和太不寻常，尽管我尽力让他准备好，但是对他来说还是难以承受。我从来都讨厌看到他沮丧的样子，但是这次我感觉更糟糕。这次，我感觉很内疚。

我重新加入了宴会，戴伦很快来到我旁边。他注意到了我长时间的缺席，而我的妈妈已经告诉了他我和山姆在一起。他一脸担忧地走向我，我知道他不仅担心我，还很担心山姆。

看见我的新丈夫穿着结婚礼服，我们全家终于在今天变成了一个整体，我的精神恢复了一些。成为山姆的父母是一个挑战，这毋庸置疑，但是今天发生的一切——戴伦和我成了丈夫和妻子，意味着我不再一个人独自承担。不论抚养山姆时遇到什么困难，戴伦和我都会一起面对，不论未来会是什么样，我们都会是一个整体。

并且不仅是我们两人。当戴伦拉着我的手带着我在舞池里转圈时，一只特别的猪在我们的婚礼蛋糕上居高临下地看着我们。尽管今晚的山姆是倒退了一步，但是查斯特已经帮助了他往前走了很多步。而且我知道它今后还会继续帮助山姆。我和山姆背后不仅有戴伦，查斯特也会一直和我们在一起，不论疾病或是健康……

所以尽管山姆的崩溃让人沮丧，当傍晚过去时，我不会再关注他今晚没有做到什么，而是今后他会成就什么。对我们大家——现在姓贝利-梅里茨的全家人来说，今天是我们余下的生命里新的一天。我很期待未来有什么在等着我们。

22
猪上电视

山姆在婚礼上的插曲过后不久，就以让我们大家惊讶的方式恢复了。一天下午，戴伦和我到学校接他，他并不是一个人出来。（他现在不再需要琳达或者助教牵着他的手出来，所以他通常都一个人走出来。）他跑向大门，身后还跟着一个男孩。

“这是杰克。”他骄傲地介绍他的新朋友。

我们简直不敢相信。山姆交了一个朋友。我曾经以为这天永远不会到来了。能看出我的儿子有了多大的进步：他从和琳达或者助教一起走出学校，到一个人出来，再到现在和朋友一起出现。

尽管这对我和我丈夫来说是一个标志性的时刻，但是山姆和杰克似乎并不关注周围发生了什么，他们沉浸在自己的快乐中，不停地笑着。

我高兴地看着戴伦，他也朝我咧开嘴笑。

“很高兴认识你，杰克。”我们同时说。

杰克不是CAIRB的孩子，但是他有自己特殊的需求。也许这是他们能在一起的原因——他们都和其他的孩子有一些不同，所以能够理解对方。他们是在山姆并入的一个主流班级里认识的。他们都喜欢画画：杰克让山姆为他画超人，山姆画了，然后杰克高兴地为画涂上颜色。从那时起，山姆和杰克就分不开了。

琳达赞扬着说了一堆他们在一起发生的故事。其中有一个故事比其他的故事更让我深深的感动。某一次，琳达发现他们在院子里倒下的橡树旁边聊天。

“他们完全不理会周围玩耍的其他孩子——他们一边笑一边聊天，直到我们不得不把他们拉回来上课。”她十分感动地说。

我忍不住回想我曾经在庄园小学帮忙时，从窗外看见我的儿子一个人，跑到树上又跳下来，拍打他的手臂，完全和其他孩子隔离。而现在他却坐在这棵树旁边，和他的朋友聊天。更重要的是，他完全是自己促成了这段关系，他并没有寻求查斯特的帮助。这让我觉得也许有一天他能自己照顾自己。

2012年夏天，在学校的年度运动会上，戴伦和我真正感受到了他俩有多亲近。庄园小学对运动会的处理很特别，他们鼓励孩子们组成团队，所以孩子们不用因为担心个人的表现而感受到压力。孩子们被分成组，每个组都有不同的项目，所以会有八九种项目同时进行。家长们可以跟着不同的组，看不同的项目，这样他们可以在自己的孩子做每个任务时为孩子加油。

除了田径比赛，其他项目都不会排出名次。这对于山姆来说非常好，因为他的协调力还不太好，而他还需要应对他对于完美的强迫式追求。

老师们把山姆和杰克放进了一组，因为他们知道他俩是很好的朋友。这样做的唯一缺点是，他们总是在一起哈哈大笑，忘记了他们还有运动会要参与。他们离开了运动场地，去到他们最喜爱的橡树攀爬架。当其他的孩子都在进行体育项目时，山姆参与了他之前从没有参与过的事——和一个朋友一起玩。

戴伦和我都不想打扰他们。我想老师们应该也这么觉得，所以每个人都装作没看见他俩。

如果暑假能邀请杰克来我们家玩，那会是一件很好的事，但是山姆似乎不太愿意邀请朋友来家里。这是自闭症给他带来的怪癖——把所有东西隔离开。学校是学校，家是家，这两者不能混合。当时CAIRB的孩子们来家里访问查斯特能成功的原因，则是因为教师们也在场，让那次经历有在学校的感觉。直到暑假结束，由于山姆没有学校的朋友一起玩，他就又只有查斯特一个好朋友了。

山姆暑假在家让查斯特欣喜若狂。同时它还很高兴拥有了一个新的屋子。之前的小屋终于因为太破旧而倒塌了，我建议为查斯特买一个新家让它冬天不会挨冻。我劝了戴伦一阵，因为金属做的猪舍并不便宜，但是他最后同意了。

应该说，戴伦并不是查斯特最忠实的支持者。由于他的工作，他没有和查斯特一起待很多时间。但是巧的是，有一天戴伦遇上了双倍淘气的查斯特，那天我正在镇上用一个小时的足疗犒劳自己。

我离开家时，戴伦正平静地在他的蔬菜地里干活，哼着收音机里放的歌。但是当我回来时，一切都乱套了。

我把车开进我们的车道里，看见戴伦挥舞着一根大棒子——追着仓皇奔跑的查斯特。我的丈夫脸涨成紫红色，一颗颗豆大的汗从他额头上落下来。

“戴伦，你在干什么？”我惊叫道。我从车里跳出来，追在他们俩后面。戴伦看上去很生气，当我赶上他时他正喘着粗气。

“我要把那只猪赶进它的猪圈里，我已经追了它一个小时了！”他愤怒地说。

查斯特停下来站在他刚好够不着的地方，它回头看着我们，露出它的标志性笑脸。我知道是怎么回事了——它以为这是一场游戏。它一直在让戴伦追着它跑，就像它和孩子们喜欢做的那样。

可惜的是，我的丈夫不这么想。

“你扔猪食给它了吗？”我问。这是一个合乎逻辑的问题，但是却惹得戴伦大怒，因为他之前没有想到那样做。

“没有，我只是一直追在他后面。”他带着一点羞愧回答道。

戴伦指向温室旁边的残骸——有一块玻璃被打碎了。

“哦！我的天！”我惊叫，“发生了什么事？”

戴伦说，他当时正在撒种子，突然查斯特出现在旁边，这只猪从它的猪圈里逃出来了。

“我设法把它从蔬菜地引到了它的猪圈。我正在开门，它突然转向左边冲进了温室里。不管我怎么叫它，它也不愿意出来，所以我就想跟着它，到它后面，把它赶出门。但是它居然直接从另一边的玻璃冲了出去！”

戴伦描述着发生的事，想到查斯特造成的昂贵损失，还有他毫无成果地追着它跑了很久，他更加愤怒。同时，我想象着那幅画面，竭尽全力不让自己笑出来。我用手捂住嘴忍住笑，然后看见戴伦的蔬菜地上全部是碎了的玻璃。

“这一点也不好笑。我花了一天的时间来整那块地！”他愤然道。

“查斯特怎么样？”我问，“它的鼻子没事吗？”

“别管那只该死的查斯特！”

幸运的是，查斯特没事。尽管撞碎了一整块玻璃，它身上一点划痕也没有。戴伦还有更多想说的，他盯着我们的宠物猪摇摇头。

“它太狡猾了。每次我接近它，它就跑开，它就这样不断地停、跑、停、跑。”

我觉得我现在最好能把查斯特弄回它的猪圈里去，免得再有新的事情发生。于是我拿出些猪饲料。

“这里，查斯特宝贝。”我让猪饲料在我手里嘎吱作响。

查斯特在空气中抽动着鼻子，顺从地跟着我回了它的家。

鉴于戴伦花了一个小时的时间试着达到同样的目的，这当然不能让他开心，他跺着脚进了屋。

我听见门砰地被摔上。“别介意，查斯特宝贝。”我安慰地抚摸着我们的猪。

不能怪戴伦，这是查斯特第一次在我不在家的时候跑出来。之前每一次都是我来处理，所以我自然更有经验。有趣的是，尽管戴伦很愤怒，第二天早上我下楼吃早餐时发现他正在灶台上为查斯特做饭，他用吃剩的土豆和蔬菜给它炖汤。

“你在做什么呢？”我逗他说。我完全知道他这是在关心查斯特。

“这个，我不能让查斯特饿肚子。”他耸耸肩，泰然自若地说。戴伦在用他自己的方式补偿查斯特，因为昨天对它发了脾气。

之后他俩在花园里相处甚好。查斯特的围栏就在戴伦的蔬菜地旁边，所以每当戴伦在地里干活时，他们就可以和对方做伴。查斯特把头靠在木板条上，朝戴伦发出哼唧声，然后戴伦会扔给它菜地里的杂草和大黄菜秆，让它嚼着吃。他俩这样看着真可爱！

温室灾难过去几周后，就轮到我被查斯特挑衅了。这时戴伦已经回到了钻井平台——在离开之前他送给了我两株漂亮的蓝莓树。他知道蓝莓是我最喜爱的水果。我把它们养在后门旁边的天井里，那里阳光充足。当蓝莓成熟后，我可以每天早晨逛去天井，摘几颗家养蓝莓，放进我的酸奶里。这是惬意的乡村生活最好的时光。

一切都很顺利——直到查斯特第二次逃出围栏。我无意之中在它绕过蔬菜地去往后门的时候看到了它。

我跑进阳光里，准备拦截它，同时把孩子们叫出来帮助我。

“快过来，查斯特跑出来了！”我朝他们喊。

就在查斯特到达我的蓝莓树边时，我追上了它。蓝莓已经足够诱惑它停下来了，而它本来的计划是进屋里去。它在树边徘徊，鼻子抽动。接着它就凑在了蓝莓上面。

我用我最大的力气推它，但是它实在太大太强壮了。它吃得津津有味，决心沿着枝条把蓝莓都吸走，所以我的努力全是徒劳。它狼吞虎咽，还发出在吞噬美食时才发出的咕噜声，比如之前在偷邻居家的鸡饲料时就会发出这样的声音。几秒钟之内，就吃完了我的蓝莓。

查斯特发出满足的呼噜声，从我身边匆匆溜进屋内。我悲伤地看着我的蓝莓树，只剩下光秃秃的枝条。而同时，就像往常一样，孩子们因为查斯特的恶作剧笑得在地上打滚。

查斯特一直是村里，甚至是更远的地方大家谈论的热门话题。所以当有一天BBC电视台联系我时，我并不太惊讶。他们听说了查斯特（因为查斯特的消息已经传播得很广了），并且想为它在《乡间旅程》里做一期节目。这绝对是一件让人惊讶的事！我不知道该说什么。在我们之前住的村子里，有当地人开玩笑说，它有一天会成为电视明星，但是我从来没想过这真的会发生。

《乡间旅程》想做关于我们的迷你猪为什么长大了的节目。我的首要顾虑就是这个节目会对默里先生和彭尼维尔农场带来怎样的影响。我担心如果传出去，查斯特没有停留在迷你的体型的话，会对他们的经营造成影响。所以我给农场打了电话，默里先生说他马上就过来。这是我第一次为了查斯特的体型联系他，因为我从来不抱怨这个。查斯特是我们的猪，不管它是大是小，我们都爱它。

“哦，我的天哪，它真大！”默里先生看到查斯特时惊叹道。

他疑惑地挠他的头。“老实说，我没法解释！”他说。

默里先生走进猪圈，匆匆扫了它一眼，试着想为什么他的小猪会膨胀到这么大的体型。我们的宠物猪现在从鼻子到背后已经有一百六十七厘米长，还不包括它的尾巴，而它的尾巴长四十五厘米，它的身高有八十厘米！

我一直告诉默里先生，我们并不介意它的体型，但是他坚持一定要给我一个说法。他委婉地告诉我，查斯特属于基因上的“返祖”。返祖在进化上是指某个在前几代已经消失了的性状在这一代突然出现。以查斯特的例子来说，就是两只专门培育的小型猪生出了一只大型猪。显然当农民们杂交育种的时候，这样的事情是可能发生的，尽管默里先生从来没有见到过这样的情况。

“我很抱歉。”他不停地道歉，“你们看到过它父母，它们都很小！”

“我们不介意！”我继续安慰他。

默里先生还是很担心他让我们失望了，于是他提出给我们另一只小猪仔来替换查斯特。而我从来就没有过这样的想法。

“即使用全世界来换它我也不换！”我温柔地扫过查斯特的姜黄色笑脸，大声说。

我向默里先生讲述，查斯特是怎么样改变了山姆的人生，如果我们把它换走，我的儿子一定会极度伤心，我也会因为失去它而心碎。我想甚至戴伦也会伤心。

不过默里先生坚持认为我应该同意BBC的拍摄，展现给全世界山姆的人生是怎样由于一只动物而得到改变的。我想，他能把自己的名誉放在后面真是可敬。关于怎么照顾查斯特，他还给了我们一些很好的建议。他提醒我们，应该给查斯特的猪圈糊上水泥。到了此时查斯特已经把地全部挖开了，整天在湿泥里对它的蹄子并不好。

在影片开始拍摄前几天，戴伦从油井平台回来了。他的第一项工作当然就是给查斯特的家封上水泥。他立马开始像之前一样拼命工作，试图让查斯特的猪圈看上去焕然一新，让查斯特的亮相更完美。

“它一定得好看，它就要上电视了！”戴伦坚持道。

这不是一件简单的工作。我们运来了成吨的湿水泥，还必须要在查斯特住在里面的时候把水泥糊好！我们花了一整天时间改造它的猪圈，让查斯特避开水泥简直是一场巨大的战斗，但是又令人捧腹。

山姆和威尔没有放过这个机会，也来为他们即将成为电视明星的朋友改造住处。他们迅速去取回桶、手推车、铲子，还有任何他们能想到的东西，帮助戴伦装修查斯特的新家。他们三个人一起把沾着泥土的稻草换成新鲜稻草，擦洗它的屋子，清理干净苔藓和泥土。最后，戴伦拣去了围栏上面的叶子。

戴伦甚至在花园里砍了些木头和树枝，给查斯特做玩具。他把一个个木头削成棚屋的形状，用线串起来，再在中间挂上许多旧雨靴和塑料球。它们被挂在查斯特鼻子正好能碰到的位置。戴伦花了很多时间让猪圈看起来漂亮得体，这也证明他还是很关心查斯特的。

查斯特很开心，尤其喜欢我们为它打扮。我们用屋外的扫帚为它梳理厚厚的姜黄色毛发。我们把它尾巴顶上的一团毛编成了辫子。我们甚至把润肤霜涂在它的耳朵上，让它们看上去很光滑。为它梳毛比给它打扫猪圈还难，因为它总是滚到地板上，四蹄朝天，让我们揉它的肚子。不过它最后总算被我们梳理得很整洁漂亮了。

我们安排了摄制组在周末过来，这样孩子们也可以在节目里亮相。当三个女人带着摄像机出现时，我比我想象的要紧张得多。她们简单地告诉我们她们想问的问题，以及我们应该怎么回答。由于我不停地念错我的台词，她们不得不一直重拍。

而山姆却在众人的目光之下绽放了。他在摄制组刚到时有一些紧张，于是他去小溪边的林地里自己待了一会儿。但是当他把焦虑从身体里赶出去后，他变成了一个自信的小男孩。他领着摄制组人员去见查斯特，甚至还建议他们应该怎样拍他的猪。

威尔、戴伦还有我惊讶于他的自信和对情况的掌控，几乎说不出话来。

“你们说它大不是在开玩笑！”她们看到查斯特时惊叫道。

我们的猪是一个杰出的表演者，它也能很好地应付这个场面。查斯特抬起前腿搭在围栏上，它很想成为大家关注的中心。

采访开始了，先是由我和戴伦解释我们为什么想买一只迷你猪。看到戴伦在镜头前的表现真是十分有趣，尤其是在知道他和查斯特的爱恨关系的情况下。戴伦和我一样紧张，不停地说“显著地”这个词，但是他平常说话根本就不常说这个词！

接着他们专门近距离拍摄山姆。

山姆知道摄像机正在拍他，但是他一点儿也没有胆怯。他跳进猪圈和查斯特在一起，然后开始为他的猪梳理毛发和挠它的肚皮。看着他俩的互动真让人感动，因为你可以看出查斯特知道山姆需要它好好表现。他们之间有一种无法解释的默契，他们似乎知道什么时候他们最需要彼此。

当我看着查斯特无可挑剔的表现，我心想，查斯特总是能让我吃惊，它一眨眼就能从一只无赖猪变成一只天使猪……

拍摄由几个问题结尾，我和戴伦需要回答。

“你们有任何遗憾吗？”采访者问我们，关于把查斯特带回家我们是否后悔过。

我瞥见戴伦咬着牙，害怕他会说什么。但是戴伦往后靠了靠，愉快地宣布：“用全世界来换它我也不换！”

23
查斯特前来救援

我们五个——戴伦、威尔、山姆、查斯特和我，是幸福的一家人。到了2013年的圣诞节，山姆给了我们最好的礼物：我们发现他唱歌唱得和伦敦西区的明星一样好。我从来不知道他有这样的才能。我听到过他在浴室哼唱，画画的时候唱给自己听，但是和我看到他在学校年度演出中的热情演唱完全不一样。他和其他孩子一起合唱二战音乐剧《我们还会相见》。他的声音比谁都嘹亮，简直是天籁之音。

“你能听到他的声音穿透其他所有人的声音。”妈妈在我耳边轻轻地说。我们一起骄傲地看着他唱出他的心声。

我知道每个母亲都会认为她的孩子是一颗冉冉升起的明星，但是在这一刻我真切地觉得他就是。我的头发都竖了起来，这真是一场让人着迷的演出。我的心快乐得要跳出来了。看到山姆站在台上，独占着众人的关注，在聚光灯下充满激情地表演，我完全被折服了。但最重要的是，他唱出了一整首歌的歌词，而他通常觉得说话都如此费劲——所以我从来没敢想过他能像现在这样唱歌。

还有让人更吃惊的，当演出结束时，所有孩子都安静地站在那里，只有山姆把手臂举到头上，又转动到他的前面，庄重地向观众致敬。他仍然看着前面，身体转向一侧，伸开手臂上下摆动他的手。他是唯一一个做这个动作的孩子，让我们爆笑出声。他洋溢着满满的自信。妈妈和我站起来为他热烈鼓掌。

2014年1月，山姆满十一岁了，我们有很多要庆祝的。他已经完全融入了小学里的主流班级。他的语言能力进步了很多，现在可以一口气连着说四十五个词。山姆的自闭症举止也大量减少了——他不再含糊不清地低声叨念，也不再在公共场合下拍打手臂和弹跳。他交上了杰克这个最好的朋友。还让我高兴的是，他和他的弟弟重新燃起了友谊。

当他在庄园小学最后的几个月，我自信地认为他已经准备好迈进中学了。我告诉自己一切都会顺利，事情都会解决。

不幸的是，我完全错了。

他的倒退一开始并不明显。从六月份开始在一些小事情上显出端倪，比如对他的助教肖特太太生气。他抱怨说，他讨厌她每节课都跟着他。

“为什么那个女人非得什么时候都在我旁边？好像我是她的丈夫还是什么！”他粗鲁地说。

他也开始对我们无礼：他回到家就会说出一连串的脏话。我甚至不知道他懂这些骂人的话，但是他显然懂。他开始踢门和踢墙。

接着，山姆开始害怕黑暗。他坚持在他的床边围上小彩灯，开上一整晚，还要求在床边放一个电筒以保证安全。也许由于他的新恐惧，他开始睡在我的床上。在许多夜里，当我准备睡觉时，我会听到他的卧室门嘎吱一下打开，然后是快速连续的脚步声——他用最快的速度沿着走廊疾步跑过来。他会撞进我的卧室，爬上我的床。然后我就得努力哄他睡觉，而他那么焦虑，入睡很困难。这让我们两个人都筋疲力尽。

看到他这样倒退我很沮丧，特别是几个月前他还自信地在舞台上热情演唱。我很恐惧，因为我开始觉得我正在重新体验西班牙的可怕经历。我的小男孩正在我眼前一点一点地消失。

这次唯一的优势是我理解自闭症是怎么回事了，知道正在发生什么，所以我可以找到触发的原因。原因就是山姆即将离开庄园小学，在九月份进入中学学习。山姆最讨厌变化，而这又是如此重大而未知的一项改变。

我努力让自己保持冷静，并且向肖特太太求助。琳达这时已经退休了。肖特太太建议我们做一切努力让山姆准备好进新学校——南达特姆尔社区学院。我们挑选这所学校是因为山姆既可以待在主流班级里，同时又在CAIRB班级有一个位置。

所以我们照着做了——我给他看照片和肖特太太编的故事书。我来来回回带他去校服商店，让他看到他会穿什么。但是这些似乎都没有作用。

到了小学学期末的最后几周，山姆每天都睡在我的床上了。这让刚从油井平台回来的戴伦也筋疲力尽，因为山姆已经不再是那个可以睡在我们中间的小孩了，他现在是一个瘦高个儿的十一岁男孩，需要占据不少空间。有时夜里，我们中的一个人，不得不偷偷溜到空闲的房间里去休息。

我们把希望都放在了要带他看新学校的那个星期。大多数孩子只花一天在新学校里转转。我们用了一整周的时间，带着山姆看他将要在什么样的地方生活。每个早晨，肖特太太或者斯科尔太太带他从庄园小学到南达特姆尔中学。她们带他参观教室、健身房、游戏场地，还有艺术室——他可以在那里继续画他喜欢的画。她们一点一点地为他介绍，他将来每天的生活会是什么样，还带他和他的中学助教见面。这周结束时，山姆开始同时参加早上和下午的课，只有肖特太太或者斯科尔太太一人在场。所以看上去还不错，尽管他表现出了焦虑。但是，就像之前很多次一样，这只是暴风雨前的宁静。

山姆渐渐变得越来越糟。他拒绝单独一人待着——甚至不愿意一个人去看查斯特。戴伦、威尔或者我必须在花园里陪同他。他拒绝到楼上去——他会颤抖着站在门边，等待别人带他一起。他甚至不愿意自己去卫生间。他现在晚上不仅要开小彩灯，还要开卧室大灯、台灯还有电筒——他需要周围充满亮光才能感到安全。他既害怕又焦虑。

“妈妈，我能听见动物的声音。”当我哄他去他自己的卧室睡觉时，他用手捂住耳朵。我知道他敏锐的听力有时会成为负担，他之前提到过狐狸和猫头鹰的声音，但是这一次却不一样。在他的脑中，动物变身成了怪物，他很害怕它们会来捉他。

我能够理解山姆的感受，因为猫头鹰的叫声有时候就像鬼在相互呼唤，声音萦绕在山谷中。所以我编了一个故事——猫头鹰一家人晚上在聊天，就像我们聊天一样。

我试着提醒他想起他画的粉色农舍：“这是你的家，在这里你很安全也很幸福。”我不断地强调“安全”这个词。

但是他对我的话置若罔闻。山姆会大哭出来，低声念叨着无意义的单词。他接着会停下来乞求我：“请你不要离开我，妈妈。”我能说什么呢？于是我会牵着他的手，让他到我的卧室里再睡一个晚上。

我不得不坚强起来，不停地给山姆说积极的话，让他保持冷静。但是这样的情形很难不让我惊慌。情况还会变得多糟？

然后有一天，情况变得更糟了。那天，我们开车到镇上。妈妈和我坐在前面，孩子们坐在后面。当我们行驶在熟悉的乡间小路上，去托特尼斯的超市时，山姆开始低语。他的小声咕哝我听不清楚。接着他突然清楚地蹦出一句话：“我能看见他们。”

妈妈和我对视一眼。她给了我一个担心的眼神，我曾经在西班牙看到过她露出同样的眼神，那时山姆处在他最坏的时期。

“山姆，你真的看见了什么吗？”我试着弄清楚他想说什么。

山姆只是接着嘀咕什么。然后他像突然清醒了一样：“我看见黑色的影子在街上走。”他一边说一边在眼前晃动他的手。

有那么一会儿，我和母亲都惊讶得说不出话来。当我们把车停好，走出来时，母亲把我拉到一边。

“我的天，你觉得他看到死人了吗？”妈妈轻声对我说，不希望被山姆听见。

“不可能！”我不想承认那些是他臆造出来的，“也许他眼睛出了什么问题。”我接着说，“也许他视野里有黑点——飞蚊症，我想是叫这个名字。”

我决定让他去做检查。我不愿意我们努力那么久，到头来却看到他退化得那么厉害。我立即为山姆预约了镇上的眼科医生。

带山姆进诊疗室之前，我先单独和眼科医生说了几句话，和他解释之前发生了什么。尽管我不想山姆的身体出任何问题，但是在某种程度上我甚至希望问题是出在生理上，而不是精神上——我的孩子想象他能看到别人看不到的死人或幽灵的身影。

眼科医生很体贴。他耐心地为山姆解释自己做的每一项检查是什么，让他不要紧张。做完检查后，他递给我一张叠起来的纸，里面写着：

20/20视力正常。肯定是焦虑。

他把诊断写在纸上，因为他不希望山姆听见后感到不安。山姆已经长大了，能理解什么是焦虑了，同时他也知道自己有自闭症了——我们发现这才是问题的核心。

在山姆的整个生命中，我一直着重于让他理解，每个人在世界上都是不一样的，并且告诉他，不要担心威尔能做他不能做的事。我试着让他理解，尽管他的自闭症确实意味着他做一些事会比较困难，但是有困难这件事本身很正常，因为我们大家都会对做某些事感到困难（我告诉他，我觉得开车很困难，而爸爸觉得吃海鲜很困难）。我一遍一遍地告诉他，自闭症只是你的一部分，应该值得庆祝，因为它让你能做了不起的事，比如画画，而一般人做不到。我还告诉他，永远不要让他的自闭症定义他是谁，因为最终自闭症只是他的一小部分。归根结底，他是山姆——不是自闭症的山姆，或拍打手臂的山姆，而是画画很出色、喜爱猪，同时碰巧有自闭症的山姆。自闭症只是一个特征，我说，就像他的头发是深棕色的、喜欢田小班一样。

在他年幼时，他可能只能理解这些话的含义的百分之五。他曾经骄傲地说，“我有自闭症”，但并不知道自闭症真正的含义是什么。

但是当他越长越大，和其他孩子的交往越来越多时，他越来越注意到他的局限，并且意识到自己和别人“不一样”。现在山姆准备要换学校了，他开始用消极的眼光看自己和别人不一样的那些地方。他对自闭症的看法一天天地被扭曲。

当山姆的精神状况急剧下降时，戴伦却回钻井平台工作了。一天早晨我走进山姆的卧室，发现他在抽泣，嘴里念念叨叨，手在眼前挥舞，他的焦虑已经相当严重了。我可以感觉到从他身上满溢出来的紧张。

“山姆，到底怎么了？”我把他抱进我的怀里问他。

山姆只是不停地低声喃喃自语，声音太小我分辨不出是在说什么。当他心烦意乱的时候就会这样。然后他又清晰地说话了——但是他说的话我完全不想听到。

“别管我！”他用手捂住脸，我看见他下嘴唇颤抖得厉害，整个脸被泪水浸湿，“我恨自闭症。我想和其他人一样。我真希望我已经死了！”

听见山姆说出这些话的时候，是我生命中最糟糕的一刻。我从来没听他说过他恨他自己，抑或是希望自己死了。听他这样说，我的心都碎了。

当他喊出这些话后，他又开始啜泣——深深的发自肺腑的哭泣，来自灵魂的哭泣。他整个身体都因为悲伤而颤抖。

他把脸埋在羽绒被里，于是我轻轻揉他的背。他想要的一切就是让自己消失掉。我深深吸了口气。经过了这么多年，处理这些令人伤心的场合，我已经习惯把自己的情绪放在一边，而给山姆他需要听到的回答。即使他的话震惊了我，我也知道应该怎样回应，于是我没有浪费时间，马上就去安慰我伤心欲绝的小男孩。

“不，山姆，自闭症并不坏，它只是意味着你看待这个世界的方式不同。”我温柔地告诉他，抚摸着他的背，“我们都不一样。我和你不一样；爸爸和威尔也不一样。自闭症是一件好事——如果我们大家都一样的话，岂不是很单调？”在我说话时，我感觉到有什么卡在喉咙里。我的话没有带来想要的效果：山姆抱着手臂，脸埋在里面，不停地抽泣。

我没有停下来，我要竭尽全力让他回到我身边。

“自闭症有很多好的方面！你看你的听力多好，视力多好，它让你画画画得那么出色。我不能像你那样画得那么好，是因为你可以看见那么多我看不见的细节。”

“威尔不用开灯睡觉。”山姆继续指责自己。

“山姆，那没关系。我们每一个人都有不一样的需求。”

我一直抚摸他的后背。我一直在告诉他我有多爱他。

“妈妈，我恨我自己！”

“但是，亲爱的，自闭症给了你那么多天赋，它有什么是让你不喜欢的呢？”

山姆望着我，他的眼睛又红又肿。

“在新学校，人们会取笑我的。”他哭着说，“我的自闭症让我拍打手臂。”

“没有关系。”我告诉他，“如果人们因为你拍打手臂而笑话你，那样不会让他们成为好人，所以你又为什么要因为他们而焦虑呢？但是如果你不想这样，我们可以想办法帮你更好的控制它。”

他已经在自我控制方面取得了很大的进步，但是他看不见，就算和他说也无济于事。我需要向他保证他会没事，未来会很好。当山姆再长大一些，我会向他解释为什么他想拍手臂，以及各种其他的自闭症术语，但是现在，我只是先告诉他，我们会想办法控制他的行为。

“我们会学着控制它。”我向他保证，亲吻他被泪浸湿的脸。

最终，他安静下来，我把他送去学校，度过这学期的最后一天，也是他在庄园小学的最后一天。

我把他送去学校后，一回到家我就给戴伦打了电话。我不知道他那边是几点——他现在的工作在墨西哥湾——但是我太担心山姆，所以直接拿起电话拨了他的号码。

电话转接到了他在苏格兰的办公室。每等待一秒，我的心跳声就更大。我比任何时候都需要听到他的声音。

“一切都还好吗？”戴伦那边突然接通了。

“不，是山姆。”我声音嘶哑地说出这几个字。我告诉了他发生的所有事，以及山姆有多么心神错乱。

“我不知道该做什么！”我嘶喊道，“我又要失去他了。”

但是戴伦冷静地告诉我：“我们会帮助他渡过这个难关。会没事的。”

戴伦让我打电话给心理健康团队。他说："我们不能冒险，况且山姆说的是他希望他死了。"我的孩子在这些年里已经向我们证明了，他伤害自己不会感到任何内疚或不安。

之前，全国医疗服务系统给我们指派了一名社工。在戴伦的理智建议下，我立即给她打了电话。这是我第一次真正需要她的帮忙。

"今天早上发生了一件让人极度痛苦的事。"我告诉山姆的社工。

我详细叙述了山姆的情况，尽我所能控制住我的情绪。我非常担心他。她告诉我先别太担心，她会上报给心理健康小组，给我们进一步帮助。我知道得到上报很不容易，所以我感到很幸运，但同时又感到焦虑，因为这说明他们认为情况已经很严重了。几天之后，心理健康小组的一名护士和一名精神科医生到我们家来对山姆进行评估。

山姆在花园里，在他经常待的那块草坪上跑来跑去，那片草坪已经被他磨平了。我看了他一会儿，显然他沉重的脚步声显示出他的焦虑。

"山姆，过来打招呼。"

我没有告诉他访问者里有一个是医生，因为我不希望让他更加有压力。

不同寻常的是，山姆没有回答我。他的眼睛盯着地面，喃喃自语。他显然不想过来。

我走到山姆的身边，蹲下来："亲爱的，请你过来和我们的客人打招呼。"

山姆完全不看我的眼睛。但是他愿意让我领着他过去，所以我轻轻牵起他的手，带他进屋内。

“你们想来一杯饮料吗？”我问所有人，示意护士和医生到厨房去。我想如果是非正式的聚会，山姆可能会更愿意和他们交流。

“你好，山姆。”医生用很轻柔的声音说。

山姆没有回答。他仍然在眼前摆动他的手。

看到这样的情景，我的焦虑水平直线上升。如果山姆不交流的话，医生又怎么能帮助他？如果我的儿子不愿意告诉她他出了什么事，她又怎么能让他恢复呢？

“山姆，说你好。”我再次鼓励他交流。

一点反应也没有。

我绝望地看着医生和护士。我想尖叫，让她们做些什么来帮助我们——但是为了山姆，我需要保持冷静。

突然，我想到了一个办法。实际上，它就坐在我们的后花园里。

查斯特。

查斯特一直是帮助山姆建立自信的关键，它让他欢笑，减轻了他自闭症的症状。查斯特之前还帮助山姆拾回了语言。所以也许它可以帮助我的儿子。

我抓着山姆的肩膀，向他说：“山姆，你带我们的客人见见查斯特怎么样？”

山姆抬头看着我，微笑了。我的心因喜悦而狂跳：我看着他的眼睛，他终于又活过来了。我向护士和医生说明了查斯特是谁。她们一开始有些惊讶我们有一只宠物猪，接着她们立即从椅子上站起来，准备跟着山姆到花园去。山姆开始兴奋地拍打他的手，领着她们从后门跨过门廊，走向查斯特的猪圈。查斯特听到了脚步声，开始兴奋地狂哼哼。

我没有跟着他们进花园。我知道给山姆空间有多重要。我转而跑进了他的卧室，我可以从窗户看到他们。我祈祷着山姆会开始说话，和医生聊天。作为他的母亲，我只能做那么多——现在需要的是专业人士的帮助。

透过窗户，我看到查斯特匆匆走出它的屋子，摇着尾巴。我听不见任何声音——但是两个女士的反应很有趣，她们都往后退了一步！我接着高兴地看到山姆开始指着查斯特和她们交流。一种巨大的解脱感席卷了我。事情终于走上了正轨。

二十分钟后，他们都回到了屋里，而我也跑下楼梯。他们在客厅交谈，而我在厨房忙碌着。我试着从旁偷听他们在说什么，但是我没办法听清全部。我听到山姆说："查斯特是我的宠物猪。它原来和我们一起住在屋子里，但是它后来长得太大了。"

我忍不住微笑了。我的小山姆，在谈论着他的朋友，还有我们经历过的和查斯特有关的风波。然后医生叫我过去——她们有了一个办法。由于山姆说话还有困难，但是画画非常好，如果让他画出他的感受来呢？

这是一个绝妙的想法。我拿了纸和山姆珍藏的毛毡笔。

"山姆，能给我们画你自己，并且为我们描述一下吗？"护士问。

山姆毫不犹豫地开始画画。感谢查斯特，交流的通道打开了，现在山姆正试着用作品来告诉她们他的感受。我很紧张，但是我走开了，让他们单独待一会儿。尽管我时不时地还会把头伸出厨房门看他怎么样。山姆很平静，他有说话，而且他还在尽力画画。我感觉有一丝希望在我内心燃起来了。

一个小时之后，她们终于出现在我面前。

“看山姆画的这幅画多好。”护士看着地毯上的这件作品说。

山姆画了五张脸，每一张脸下面都写了一个词。我的脸一下子垮下来，因为我看到其中有三个都是消极的词——傻，蠢，伤心。

想到他有多讨厌自己，这或许就并不让人惊讶了。但是他简单的自画像确实强调了他缺乏自信。我可怜的孩子，我想。

我看着护士，寻求她的肯定。

“这很好。”她高兴地朝我笑着说。她告诉我，这是一个积极的信号，因为山姆很好地表达了他的感受。她告诉我，不用担心他描绘的感受有多么消极。

当山姆跑回花园去看查斯特时，他的脚步似乎已经轻松了很多。医生和护士准备告辞了，她们告诉我她们还会继续观察山姆，但是从她们今天观察到的和山姆和她们交流的来看，没有迫在眉睫的危险。听到专业人士这样说，我大大松了一口气。

当她们离开后，我感觉似乎肩上的重量消失了。我再一次去山姆的卧室，从窗户看到他和威尔正在和他们的猪一起玩。山姆看上去更冷静开心、更接受自己了。他没有在脸前摆动手，而且从那时开始他似乎也没有那么焦虑自己一个人做什么了。

尽管并没有一夜之间恢复，但是山姆向心理健康工作者表达了他的情绪后，他开始好转了。而这一切的催化剂都是查斯特。谈论他的猪，让他再次打开了交流的通道。就像山姆曾经在查斯特接近死亡时拯救了它一样，查斯特也回馈了山姆，把山姆从他的黑暗里解救出来。

我对那只猪实在感激不尽。

当七月悄悄变成八月，山姆已经可以再次自己去看查斯特了。为了确保山姆已经没事了，我从花园最上面偷看他，看他给他的朋友喂食，用扫帚给它肚子挠痒痒。当我眼睛扫过草地，我看见戴伦也在他的蔬菜地里望着这两个朋友。我可以看出他和我想着同样一件事：我们很幸运山姆的生命里有查斯特。

渐渐地，一天天过去，前几个月的紧张感慢慢地消除了。山姆现在可以一个人开心地在房间里走来走去。如果威尔在他的卧室里他也可以在里面玩耍。当他克服了困难又能一个人睡一整晚时，我们都小题大做地给他买了礼物作为奖励。

到了2014年9月，中学开学的时候，山姆基本上已经恢复到平常的样子了。虽然他还是不能不开灯睡觉，但是他已经恢复得很好了。

而当开学第一天临近时，他似乎比我还要冷静得多——不过我没有显出我的紧张。下一个阶段对山姆来说会是一个里程碑，而我承认，就像大多数母亲，我发现自己有些担心他搬去“大学校”上学。我害怕他会迷路、被欺负或者崩溃，并且周围没有人帮助他。他要从一个只有275个学生的学校，搬去有1400人的大学校。这对他来说是上了很大一个台阶。

但是，从好的方面来说，学校有很多措施能帮助到山姆。他会有两个助教时刻留意他。下课铃响之前，他就会被从普通教室带到CAIRB教室，避开拥挤的人流和走廊的噪声。德文郡委员会指派了出租车接送他上下学。当他早上到学校时，他的助教会在学校门口等他；放学的时候会把他送到出租车上。

可惜的是，开学第一天戴伦不在家，不能一起为山姆送行。威尔和我一起为他送了行，并且威尔还在早上帮助山姆穿上他的新校服——黑色的外套和长裤、白衬衫并帮助他系上了一条红白黑相间的领带。

山姆离开前，我把午餐盒递给他。我为他准备了他最爱的三明治，还在底下藏了一张猪的明信片。我希望让山姆知道查斯特在精神上和他在一起。这会让他感到安心，让他露出笑脸。在卡片的背后我写道：

亲爱的山姆：

我希望你在学校过得很开心。

你知道我们都为你骄傲。

爱你的妈妈、爸爸、威尔还有查斯特

作为一个骄傲的母亲，和孩子们等出租车时，我拿出了相机，尽情拍摄。我希望能留住这一刻，作为永久的纪念。

我正在做着即兴拍摄时，出租车开进了我们的车道。车窗上蒙了一层水汽，所以我看不见里面有谁。我预期可能有一两个小孩，但是门打开后发现里面有五个小孩。

我立刻有些惊慌，害怕这么多新面孔会让山姆吃不消。

然后接下来我犯了一个大错误。山姆走进了出租车，我为他扣好了安全带。刚做完我就后悔了，心想山姆可能会责备我为他做得太多。我严厉地告诉自己，我必须停止这样无微不至地照料他，毕竟他已经快十二岁了。

出租车在狭窄的车道上掉头。山姆在雾气蒙蒙的窗户上揉开一个圆，我可以透过这个圆看到他。他笑着热情地挥手示意，我如释重负地松了一口气。他很好。他非常非常好。

威尔正在大门口的台阶上等我送他去学校。我往回走时，眼泪一下子涌了出来。威尔用他的手臂环绕着我。

“别哭，妈妈，他会没事的。”

威尔显得那么成熟，而我却在哭泣！我们这几个月都经历了很多，而在我今天朝山姆说完再见后，这段时间积累的所有情绪都一下释放了。我感觉我终于放手了。

这是奇怪的一天。我可能检查了几十次我的邮件和电话，以防山姆或者学校给我打电话，让我过去接他。但是什么都没有出现：没有短信，没有电话，没有呼救。只有一片安静。

放学后出租车开进车道，我的心提到了嗓子眼，问题在我脑海里反复出现。山姆在学校过得好吗？他快乐吗？我只想要我的儿子过得开心。

当出租车的后门打开时，似乎所有事都在以慢动作进行——首先我看到山姆的鞋，然后是他的腿，接着是他和他的书包。他朝我跳着走过来。

“我爱我的学校！我度过了最好的一天！”他洪亮有力地说。我放声大笑，之前的那么多担心根本没必要！

“我很开心，山姆。”我给了他一个拥抱，亲吻他。

另外还有谁听到了山姆回家的声音。

“查斯特！”我们齐声叫道。它正在召唤着我们过去看它，也许希望我们在它那儿给它扔一些猪食。

我搂着山姆，漫步到花园的另一边去看我们的猪——那只改变了我儿子人生的猪。

这只猪给我们所有人带来了快乐。

查斯特，传奇的猪！

后　记

2015年4月，德文郡。

山姆在新学校上学七个月后，邮箱里送来一封信。

那正是个春日，我在查斯特猪圈附近的花坛里播种，这时邮递员把车开进了我们的车道。他递给我一捆信，我匆匆翻过，猜想应该都是账单和垃圾邮件，但是其中一封不是。这封信正面印有山姆学校的标志，寄给“萨缪尔·贝利–梅里茨的父母／监护人”。

我的胃顿时因为恐惧而揪紧了。哦，我的天，发生了什么？这是我第一个想法。山姆最近似乎非常开心——是学校里出了什么事他没告诉我吗？

我匆匆撕开信封。我的腿有一点颤抖，所以我在后门旁边坐下来。当我读着信纸上的话时，我的眼泪唰地掉了下来。

尽管孩子们都在学校，但是我并不孤单。妈妈和我在一起，她正坐在客厅的沙发上。

“怎么了，亲爱的？”我坐到她身边时她问我。

我把信攥在手里，深深吸了口气：“我刚收到学校寄来的这个。”

妈妈警觉起来，看上去有些担心。她准备着听我要说什么。

我清了清嗓子，开始为她大声地读信。在我读信时，我感觉到眼泪再次刺痛了我的眼睛，页面上的字模糊了……

亲爱的贝利－梅里茨先生和太太：

我很高兴告知你们，由于山姆一直不断的努力，以及在狐狸岩（山姆在学校的班级名称）里的成就，他将被邀请参加周四下午的庆祝茶会。整个班里我只邀请了两个学生，而他是其中一个。他们被挑选出来是为了表彰他们的学习态度，以及他们拥有的一系列情感、社交、思维和学习的能力，我们希望学校里的所有年轻人都能培养出这样的能力。

山姆的友好、礼貌和可信赖的天性，为他赢得了很多朋友，使得有他在班级里成了一件愉快的事。他朝着成功路上的努力，保证了他能最大限度地把握未来。南达特姆尔学校因为有他这样的学生而受益匪浅。

我想恭喜他并且和你们分享他的成功，因为你们是他的父母。我们希望山姆将来会继续努力。

敬上。

詹姆·莫里森－希尔

学业管理人员，狐狸岩

当我读完后，妈妈震惊得说不出话来。

“山姆交了一些朋友！”我惊呼。这封信里的每一个词都让人高兴，但是其中说的山姆交了朋友对我来说意义最重大。自闭症儿童能交朋友几乎是闻所未闻的事，而我对山姆最大的担心就是他在中学里交不到朋友和被欺负。所以听见这个消息对我来说意味着一切。

“哦，乔，这太好了！”妈妈露出幸福的笑容。她抓住我的手，轻轻地捏，她的脸突然变得严肃，“千言万语也表达不出我有多为你骄傲，乔。我不知道还有哪个母亲比你对你的儿子做得更好。”

听见她的话我觉得很感动，让我想起我们全家为了“拯救”山姆而从西班牙搬到英格兰，开始我们的新生活。但是那场战役似乎已经远去了。当山姆第一次被诊断为自闭症时，我为他的战斗不只是为了保证他有最好的机会和最好的老师，我当时相信每一个正确的干预都会帮助他的大脑重塑，他会从我当时认为是消极的东西中被“拯救”出来。但是我错了。我想许多家长在他们的孩子初次被诊断为自闭症时都会这么认为。

当然，我现在知道了，没有什么技术能在神经层面上帮助山姆——并且我对这个事实感到非常非常高兴。自闭症是山姆的一部分，不管他怎么样我都爱他。而现在，我赞美他和别人的不同，而不是想着他需要从中被“拯救”。他不是一个悲剧。他是山姆!

所以尽管妈妈很为我骄傲，我知道这不是我的胜利。这些都是山姆的胜利——他让我骄傲得不能更骄傲了。

随着时间的推移，骄傲成了我熟悉的感受。山姆不仅在学校里取得了成绩，也在其他地方取得了成功。2016年春天，就像生命轮回，山姆得到了在彭尼维尔农场的志愿工作的机会。默里先生很乐于助人，告诉我他很高兴山姆能加入——帮助下一代奇迹小猪的诞生。

我承认，我自己的希望是，在志愿工作几年后，等山姆满16岁，已经足够适应工作、足够自信时，也许暑期能在农场里找到一份工作。这会是一个不得了的成就，因为我知道这样的工作会让山姆非常非常开心。还有什么能比和他最爱的猪在一起更完美的工作呢?

但是这些都是以后的事了。虽然山姆爱彭尼维尔的猪们，不过有一只猪远远超过了其他所有的猪。那就是查斯特！它让这一切开始，让山姆步入完满美好的人生——也拯救了我的生命。

这只不那么小的姜黄色猪在这些年里改变了我的孩子。查斯特展现了对山姆的友谊，并且向他证明，他不管怎么样都值得被爱。自从山姆第一次去他现在工作的农场，这两个小伙伴就联系在了一起，在餐桌底下他俩的巢穴中，我的儿子绽放了灿烂的笑容。现在我看着他，觉得不可思议——他正过着我一直幻想他能过上的生活。

而我知道，仅凭他一个人是不可能做到的。

山姆和查斯特仍然经常一起玩，互相追着在花园里跑来跑去。看到查斯特躲避他、向他冲来或者用笑脸看他，他总是哈哈大笑。当我看到他们嬉闹，做着他俩最爱做的事情——在一起——我常常在脑海里为他们干杯庆祝。因为我感谢他们拥有的那种特殊的联系，而这种联系让山姆的生命变得如此不同。

难道你不和我一起为他们干杯吗？敬山姆和查斯特。

致　谢

如果不是有许多很棒的人的支持和帮助，这本书不可能出现。我希望在这里感谢他们：

感谢全国自闭症协会，在我搜寻英国的学校时，给我提供了那么多的信息，为我指出德文郡的CAIRB学校。

感谢默里先生，把查斯特带进了我们的生活，并且慷慨地欢迎山姆到彭尼维尔做志愿者。

感谢鲁斯·凯莉，我的合著者，给了我机会说出我的故事。非常愉快能和你一起工作。你是勇敢到能亲自走近查斯特的少数人之一！感谢MBA文学社的苏珊·史密斯，给了我非常专业的指导。在你们的帮助下我感到非常安全。

感谢环球出版社，相信这个故事，我们都希望它能鼓舞其他人，给他们带来希望。特别感谢编辑主任米歇尔太太，和你工作相当开心。感谢索菲·克里斯托弗以及乔希·克罗斯利——特别是你为查斯特专程从伦敦带来的可爱糖果包！感谢理查德·奥格尔设计了封面，以及尼古拉·赖特、乔希·本，还有路易斯·琼斯。

感谢凯特·摩尔，和我一起做最终的校对。我很荣幸也很开心！

感谢我们在德文郡有自闭症或者有特殊需要的可爱的朋友：斯科特·米勒和道恩·米勒，乔·劳顿–库克和李·劳顿–库克，克里斯·博德曼和朱丽叶·博德曼，吕贝卡·萨德勒，莱斯利·麦吉尔，史蒂夫·奥莱利和苏·奥莱利，桑德拉·哈特，塔姆辛·萨莫司，西蒙·斯金纳，还有莎拉·摩尔根。你们确实是我见过的最顽强和机智的一群人。

感谢我们很棒的邻居，接受了我的孩子们以及查斯特，并且欢迎我们来到这个小村庄：詹姆斯、德布兹、乔治、杰克、萨莉，还有罗恩。

我不能把你们都列出来，但是感谢庄园小学的所有教员，庄园小学是一座杰出的学校，给了孩子们极好的人生起点。尤其感谢伊恩·赫米里克、凯伦·迪克森、朱莉·所罗门、罗勃·威尔斯、苏·帕克尔、乔·钱德勒，以及办公室里的各位很好的女士。

感谢庄园小学杰出的CAIRB团队。你们是一群极其优秀的女士——克莱尔·易丽森、丽萨·汤米林森、凯瑟琳·麦克米兰、盖纳·本尼特还有吉尔·斯蒂尔。特别感谢山姆的助教，他们在他上小学时为他奉献了很多——尼基·肖特、凯·斯卡尔，还有简·夏普。

感谢所有和山姆以及和我工作过的专业人士——特别要提到和感谢两个不寻常的女人，罗尼·海勒、玛丽·梅尔斯。

感谢南达特姆尔社区学校的所有人员，尤其是菲奥纳·古德柴尔德和温蒂·沃特斯。感谢所有CAIRB的工作人员，尽心照顾那些不那么好对付的青少年。你们对工作的投入让人非常难忘，我很感激你们对山姆的支持——苏·尼克森、莫妮卡·汉纳福德、贝芙·福尔福德、雷切尔·米切尔莫尔、伊恩·卡基客，还有休·贝拉米和杰米·莫里森-希尔。

感谢丹·查普曼，山姆的帮助者，来自西南关怀支持公司，每周为山姆做很棒的工作。你是我儿子的榜样，和你一起努力非常开心。还要感谢凯亚、切尔西，还有马特。

感谢所有前期团结在我周围的朋友和家人，帮助我建立诉讼案带我孩子回家。没有你们我不可能做到——沃登一家，尤其是马特和温妮萨、艾利克斯·麦肯、弗兰·尤尔、蒂莫西·沃尔、卡罗尔·海内、安德里亚·尤尔，还有安东尼奥·雷耶斯。

感谢安迪·德斯帕德，我们最棒的建筑工人，不论有多远都会带着工具来让查斯特回到它的猪圈——在我做不到的时候。感谢安迪·塞得契科、科林·博威，当你们在农舍工作时每天都给查斯特带吃的。

感谢我们的新老朋友，一直对我们的爱和支持，尤其是我们非常特别的朋友们，芙洛拉·鲍勒和理查德·鲍勒，约翰·巴特勒和海伦·巴特勒，露西·惠勒和麦克·惠勒。

感谢彭妮·沃尔一直以来都在我身边，这些年一直给我和孩子们难以想象的支持、建议和爱。你的友谊对我来说就是一切。

感谢我的朋友琳达·罗素——我真的需要特别感谢你。感谢你在我想带山姆回家的时候给我的支持和鼓励。庄园小学CAIRB的孩子在你的照料下取得的进步十分激动人心，也见证了你的努力工作、奉献和坚定的信念——必须包容这些优秀的孩子。

感谢我的亲戚们，戴维、玛丽莲、特里和奥利维亚、伊恩和露丝，感谢你们欢迎我和孩子们进入你们的家庭，带给我们爱和支持。

感谢我可爱的妹妹莎拉，还有西蒙，与我们分享快乐的时光，这些年你们一直给山姆爱和帮助。感谢我最酷的侄子——汤姆和丹！你们是特别的年轻人，你们对山姆的帮助超过了你们的想象。我很为你们骄傲。

感谢我最好的妈妈，坚持在早年让我带山姆去见医生。感谢你一直以来的爱和支持，还有教会我生命中唯一的失败就是放弃尝试。我多么希望我在这本书里表达了足够的我对你的谢意，感谢你为我做过的和还在做的一切。

感谢我最好的丈夫，戴伦，感谢你古灵精怪的幽默感，你的耐心、善良还有无条件的爱。和你一起的生活是那么有趣，你是孩子们极好的父亲，我们无比爱你！

感谢威尔，我随遇而安的健谈小子，你让我极其骄傲。山姆是一个很幸运的孩子，有你这样的弟弟，我和爸爸也都很骄傲有你这样的儿子。你每天都带给我们那么多快乐。

查斯特，我还能说什么呢？你也许是德文郡最贵和最淘气的猪，但是你让我们的生活充满了欢笑。我希望在今后的许多年里，你可爱的笑脸能继续在每天早晨迎接我们——不过最好不是在沙发上。

最后但同样重要的，山姆：我最特别的男孩，你是那么诚实、纯净，从里到外都很美。谢谢你每天向我展示生活应该是什么样的。我不会为了全世界改变你，但是如果可以的话，我一定会为了你改变全世界。